Schlaffer · Schönheit

Hannelore Schlaffer

Schönheit

Über Sitten und Unsitten unserer Zeit

Verlag Antje Kunstmann

Inhalt

Vorbemerkung:
Mythische und aufgeklärte Schönheit

Die Schönheit, von der hier die Rede sein soll, ist die, von der seit alters die Dichter ihrem Publikum erzählen, nicht die, über die die Philosophen nachdenken; es ist die Schönheit Homers, nicht die Platons. Der griechische Sänger hat, was *wirklichen* Menschen Lust bereitete, ja was ihnen schicklich, gut und sogar nützlich war, durch seinen Gesang verklärt. Homer erzählt von den Helden: ihrem Haar, dem Gesicht, den Augen, Wangen, Schenkeln und Fußgelenken und *nennt* sie schön. Aber auch alles, was zu einem Helden gehört, ist schön: sein Pferd, sein Schild, seine Rüstung. Der menschliche Körper ist für den antiken Sänger der wohlgestalte Kern, den schöne Dinge einfassen, so wie der Edelstein in Gold und Silber gefaßt ist; die Dinge sind die Substitute des schönen Menschen, im Abglanz der Schönheit werden sie selber schön. Nach den Kleidern ist das Haus eines Fürsten die konzentrische Erweiterung seiner Schönheit, schließlich gehört in seine Sphäre auch der Ort, wo er wohnt, die Natur, die ihn umgibt, Baum, Wasser, Wind und Sterne.

Platon hingegen überfliegt bei seinen Überlegungen über das Schöne die Dinge des alltäglichen Lebens; der Zauber des schönen Menschen ist für ihn Vehikel, um die Idee des Schönen zur Anschauung zu bringen. Die Körperwelt löst er in Abstraktionen auf. Die Philosophie ist seither nicht der Ort, den Charakter der Schönheit, wie sie in dieser Welt wirklich erscheint, zu bedenken. Die Vision des Sängers oder der Blick des Flaneurs, seines ihm so unähnlichen Nachkommen, wissen mehr von den Umgangsformen der Schönheit als die Philosophen, die *die* Schönheit immer mehr zum Neutrum abstrahiert, die viel über *das* Schöne und wenig über die schönen Menschen und Dinge geredet haben. Die Menschen haben währenddessen ihre Frauen geschmückt, Häuser gebaut, die schön waren, Gärten angelegt, Städte mit Kirchen, Schlössern, Plätzen und Alleen entworfen, Stühle geschnitzt, Tassen und Töpfe verziert, um ihr alltägliches Leben zu verschönern. Die Regeln, nach denen das geschah, waren so wenig eindeutig wie die des guten Benehmens, der Sittlichkeit, des Handels, der Konkurrenz. Tatsächlich ist unter dem Begriff Schönheit, soweit er auf das wirkliche Leben angewendet wird, ein System von Verhaltensweisen zu fassen, das wie Moral, Macht, Bildung das gesellschaftliche Leben organisiert. Es lebt sich gut danach und bedarf des Gedankens kaum. Im Unterschied zum philosophisch Schönen hat die Schönheit als Umgangsform eine Geschichte – und Szenen aus der jüngsten Epoche der alltäglichen Schönheit wollen die folgenden Kapitel vorstellen. Nicht die zeitlose Schönheit der Philosophen, sondern die Schönheit in der Zeit, durch die Menschen miteinander kommunizieren, soll sich einer »intensiven Lektüre der Gesten« (Villém Flusser) erschließen.

Nun scheint aber in unseren Zeiten die Weltgeschichte der alltäglichen Schönheit gerade ihrem Ende entgegenzugehen. Wie anders ließen sich die Klagen verstehen, die so oft über die schlampige Erscheinung der Menschen auf den Straßen, die Häßlichkeit der Städte, die Stimmungslosigkeit der Architektur, die Achtlosigkeit zu hören sind, mit der Wohnungen eingerichtet werden; über die Grimassen, die das Design schneidet und die Verformung von Gebrauchsgegenständen? Aber auch den Zeitgenossen selbst kann man mit nichts mehr brüskieren als mit der Zumutung, sich oder irgend etwas in seiner Umgebung *schön* zu machen. Nicht die Schönheit, sondern das Niveau der technischen Ausstattung ist der Maßstab, nach dem sich das Selbstbewußtsein, vor allem das männliche, bemißt. Das vornehmste Statussymbol unserer Gesellschaft, das Auto, bezieht seine Qualität aus seiner technischen Perfektion, nicht aus seiner Ästhetik. Aber auch sonst ist der Luxus dieser Gesellschaft technisch. Während in früheren Jahrhunderten ein reicher Mann sein Haus auf dem zentralen Platz der Stadt haben mußte und mit üppigem Bauschmuck prahlte, zieht er sich nun in eine Vorstadtsiedlung zurück und stattet es mit mehreren Telephonen, Telefax, Computer, Stereound Videoanlagen, Saunen, Fitnessraum, Whirlpool, Rasenmäher, elektrischen Baumscheren und Kehrmaschinen aus – Dingen, die man nicht sieht, die im Haus oder Geräteschuppen verschwinden, über die bestenfalls in der nachbarschaftlichen Rede technische Daten ausgetauscht werden können. Das Auge jedenfalls hat als Kontrolle des sozialen Ranges ausgedient, Schönheit ist kein Statussymbol mehr.

Selbst Frauen – immer noch, wenn überhaupt davon die Rede ist, der Inbegriff von Schönheit – empfinden es als Zumutung, wenn sie dem Kompliment, schön zu sein, standhalten müssen. Durch allerlei auszeichnende Reden darf man sie beglücken; schön genannt zu werden aber, würden zumindest emanzipierte Frauen als Affront empfinden. Eine Menge Ersatzreden haben sich entwickelt, um das vorteilhafte Aussehen einer Frau zu charakterisieren: sie kann toll, sexy, attraktiv, intelligent, jugendlich, elegant, fein, traumhaft, gepflegt, teuer, gestylt, super, stark, chic, modisch genannt werden, nur sollte man ihr nicht mit der Schönheit kommen. Selbst schon die »Girlies« machen sich unabhängig vom Entzücken der Erwachsenen, denen bislang das Vergnügen an ihrer blühenden Jugendlichkeit der wohlverdiente Lohn für ihre Bemühungen um die Aufzucht gewesen war, indem sie verkrümpelt, zerstückelt, grob geschneidert, farblos und ohne Figur daherkommen. Kurz: Das Reden über die Schönheit ist zum Tabu geworden, dem sich alle unterwerfen und dessen optische Auswirkungen alle beklagen.

In eben diesem Widerspruch, die Schönheit ausmerzen zu wollen und sie gleichzeitig zu missen, hat sich eine Geistesbeschäftigung von Jahrhunderten, der Streit darum nämlich, was denn eigentlich schön zu nennen sei, in Nichts aufgelöst. Die Diskussion um den guten Geschmack war schon der Anfang vom Ende der Geltung der Schönheitsnorm. Solange man wußte, wann und wo man sich selbst oder das, was man besaß, verschenken oder opfern sollte, war auch die Überlegung darüber, was schön sei, überflüssig. Wer seine besten Kleider bei kirchlichen und weltlichen Festen trug, bei besonderen Auftritten auf der Straße oder vor seinem Vorgesetzten, wußte auch, welche Kleider er zu wählen hatte. Ursprünglich war Schönheit das In-Erscheinung-Treten einer sozialen Hierarchie an den Tagen des Jahres, die nicht der Arbeit für den Lebensunterhalt gewidmet waren – also beim Fest. In der Folklore heißt Kostüm die Kleidung, bei der Schönheit, sozialer Stand und Festlichkeit identisch sind; und die Gegenstände, mit denen sich die Menschen umgaben, unterlagen denselben Gesetzen wie ihr Aussehen und ihre Kleidung. Die Trennung in festliche und Arbeitsräume, in kostbares und Küchengeschirr, in Ausstellungsstücke und Gebrauchsgegenstände lag fest.

Fragen des guten Geschmacks hat sich eine Gesellschaft erst dann zu stellen, wenn die soziale Hierarchie wankt. Der Kalender der Feste und feierlichen Gelegenheiten gerät dadurch in Unordnung. Von nun an hat die Gesellschaft das Was, Wann, Wo und Wie der Schönheit durch Konsens selbst festzulegen. Die Diskussion über das, was als schön zu gelten habe, unterläuft die soziale Macht und die mythischen Vorstellungen, die sie und ihre Feste trugen. Die Künstler haben sich schon im 16. Jahrhundert durch die Diskussion über den *buon gusto* aus dem Dienst der Kirche befreit, um ihr Werk ihren eigenen Gesetzen zu unterstellen. Im 18. Jahrhundert nahmen es, in der Folge der Aufklärung, auch die Bürger, die sich aus der Vormundschaft von Kirche und Adel befreit hatten, selbst in die Hand zu entscheiden, was sie für schön hielten. In der Diskussion um den guten Geschmack liegt ebensoviel revolutionärer Sprengstoff wie im Entwurf sozialer Utopien.

Der Prozeß der Emanzipation von der mythischen Herrschaft der Schönheit setzt sich bis in die Gegenwart fort, wo ihr Widerstand endgültig gebrochen ist (deshalb mögen es Frauen heutzutage auch ebensowenig, »geschmackvoll« genannt zu werden wie »schön«). Nicht nur die Kunst wendet sich seither aggressiv gegen ihre ästhetische Tradition und verkündet die Epoche der »Nicht-mehr-schönen-Künste«; das 20. Jahrhundert ist überhaupt das Zeitalter des »Nicht-mehr-schönen-Lebensstils«. Jegliche Aversion gegen die Avantgarde ist mittlerweile erloschen. Mit der Zerstörung jenes angenehmen Gefühls aber, das die Schönheit ins Leben brachte, mag sich doch nicht jedermann abfinden. Und dennoch huldigt, wer den Verlust der Schönheit beklagt, einem antidemokratischen Denken und einem Atavismus: Die Befreiung, die das Bürgertum in Gang gebracht hat, ist ihm schließlich zu weit gegangen.

Die letzte Bastion der Aufklärung gegen all das intellektuelle Genörgel, das Schönheit das eine Mal als Symptom einer Schickeria kritisiert und gleich darauf ihren Mangel als plebejische Ungezogenheit verabscheut, verteidigen, wie immer Arrièregarde der Avantgarde, die Feministinnen. Naomi Wolfs Buch »Der Mythos Schönheit«, in dem die Autorin behauptet, das Schönheitsideal unterwerfe Frauen aufs neue dem männlichen Diktat, hat nur Zustimmung gefunden: »Wir befinden uns mitten in einer heftigen reaktionären Rückschlagbewegung gegen den Feminismus, und die politischen Waffen, deren sie sich bedient, um das gesellschaftliche Vordringen der Frauen aufzuhalten, sind eben diese

Normen: der Schönheitsmythos. [...] In dem Maß, wie es den Frauen gelang, sich vom Kinder-Küche-Kirche-Weiblichkeitswahn frei zu machen, übernahm der Schönheitsmythos dessen Funktion als Instrument sozialer Kontrolle.« (1991, S.13)

Naomi Wolf sucht den Angriff und sieht die Wirklichkeit nicht. Die Werbephotos in Modezeitschriften und auf Plakatwänden sind ihr Beweis genug, daß Frauen dem Schönheitsgebot nicht entkommen können. Die Überflutung mit Bildern aber beweist vielmehr, daß Schönheit ein frei flottierendes Potential ist, dessen sich bedienen kann, wer will. Keine gesellschaftliche Instanz schreibt bestimmte ästhetische Gesten vor und keine wird ihre Vernachlässigung bestrafen. Eher macht sich, wer die ästhetischen Normen von Mode und Reklame akzeptiert, lächerlich. Frauen, die den Vorschlägen der Frauenzeitschriften folgen, gelten als naiv und unaufgeklärt, als unseriös und unintelligent, denn letztlich sind sie einem Werbetrick aufgesessen, der den guten Glauben eines überholten Bewußtseins ausnützt. Die Frauen haben das begriffen und kaufen Naomi Wolfs Buch, um ihrer eigenen Empörung Ausdruck zu verleihen. Die Autorin ist nur das Sprachrohr des weiblichen Konsenses, der Erfolg ihres Buches die Widerlegung seiner These.

Ohnehin war Schönheit nie ein weibliches Lustspiel für freundliche Männeraugen gewesen, immer diente sie der Inszenierung von Macht, der sich auch die Männer unterwarfen. Nicht nur im Märchen ist die Prinzessin *immer* schön. Auch im wirklichen Leben waren die Herrschenden schön, und nur sie allein. Die Spitze der Hierarchie legte die Normen des Schönen fest; oder besser: was sie tat und was sie hatte, galt als schön, und wer sich ihr näherte, mußte sich ihrem Stil unterwerfen. Schönheit ist der Zustand der Annäherung an die Macht; der Preis, der zu zahlen ist, damit man in ihre Aura eintreten darf. Wer sich schön macht, partizipiert an ihrer Sphäre und nimmt sich von ihr sein Teil.

Die Ethnologen haben den Kult als den ursprünglichen Ort der Schönheit beschrieben. Alle weltliche Herrschaft erfährt ihre Bestätigung durch die Religion. Hinter dem Herrscher steht der Gott. Wer sich ihnen, dem Gott oder dem Herrn, nähern will, muß sich schön machen. Schönheit ist kein physischer Zufall, sondern eine Inszenierung zu Ehren der Götter. Deshalb kann sie nie ein normaler Zustand werden, sondern hat, wie das Fest, ihre Zeiten und Orte. Der Kult eröffnet die »heilige Zeit«, er schneidet aus dem dahinfließenden Leben in Not und Arbeit eine Zeitinsel aus, und die Schönheit berechtigt zum Eintritt in diesen »anderen Zustand«.

Diese dürftige Skizze umreißt das ethnologische Theorem, das den Beobachtungen über die ästhetische Selbstdarstellung unserer Zeit, die hier gesammelt worden sind, zugrunde liegt. Das Theorem dient der Wahrnehmung als heuristisches Modell, das den Blick, den Gewöhnung trübt, schärfen soll. Es gibt der Darstellung Kontur, ohne ihr Maßstab zu sein, es dient als Hilfsmittel, um die Gegenwart gegen die Vergangenheit abzugrenzen, ohne der Gegenwart Gesetze vorzuschreiben. Der Zeitgenosse, der »Seitenblicke« auf die Welt um sich her wirft, kann auf die Gültigkeit seiner Wahrnehmungen nicht pochen, denn er selbst erscheint im Spiegel, den er der Welt vorhält. Der Essay ist seit je die literarische Form, die die Diskussion über den guten Geschmack trägt. Wer heute diese Gattung wählt, kehrt in die Epoche der bürgerlichen Meinungsbildung zurück, wo das Nachdenken über zufällige Wahrnehmungen einem Subjekt, das sich ideologisch nicht festlegen wollte, zur Klärung seines Weltverständnisses diente. Die Neugier des Essayisten überbietet seinen Erkenntnisdrang, seine Schaulust unterläuft jegliche Rechthaberei.

Im Unterschied zur ethnologischen Umdeutung unseres Alltagslebens, jener folkloristischen Poetisierung, die heute so gern vorgenommen wird, soll deshalb das Theorem vom kultischen Ursprung der Schönheit nur ein Hilfsmittel sein, um wesentliche Unterschiede in den Epochen der Schönheit markieren zu können. Die Spanne, die zwischen den Zeiten liegt, ist freilich zu groß, als daß mit Hilfe dieses Theorems die Erkenntnis weit gelangen könnte. Wer einen elektrischen Bohrer mit dem Faustkeil vergleicht und die Schilde der homerischen Helden mit dem modernen Design, hat so viel Erkenntnis gewonnen, wie in der Pointe eines Witzes immerhin zu finden ist. Dieser Gran Wahrheit ist es aber, der genügt, um einen Essay zu schreiben. Der Rest ist im wörtlichen Sinne ein »Versuch« – vielleicht gar nur ein »Versucherle«.

Bill Clinton:
Über auratische und demokratische Schönheit

Die Vereinigten Staaten haben zwei Präsidenten: einen außenpolitischen Repräsentanten und einen, der mit den Bürgern volkstümlich tut; einen im Herrenanzug und einen im Joggingdress; einen, der seinen Oberkörper im maßgeschneiderten Jackett versteckt, und einen, der Beine sehen läßt; einen mit einem Haarschnitt für 2000 Dollar und einen mit haarigen Oberschenkeln: einen schönen und einen häßlichen.

Clintons Auftritt als Präsident des amerikanischen Volkes war der Zeitschrift *Newsweek* eine Titelgeschichte wert (20.2.1995). Fotos mit dem Präsidenten in seiner volksnahen Tracht, in Hemdsärmeln, Söckchen und Tennisschuhen sind da in bedeutungsvolle Nachbarschaft gebracht zu Aufnahmen von Zuschauermassen auf der Tribüne eines Stadions, von fröhlichen Männern vor allem mit nackten Oberkörpern, die sich's im Angesicht der Profis in ihrem Fleisch wohl sein lassen. Es ist offensichtlich, daß der Präsident mit seinem unschönen Aussehen seiner Wählerschaft Reverenz erweist und sich nicht anders verhält als Königin Elisabeth, wenn sie beim Besuch Schottlands den Kilt trägt.

Andererseits ist das Foto berühmt, das Clinton beim Handschlag des Friedns zwischen Arafat und Rabin zeigt. Eine Mischung aus *Christus triumphans,* der sich am Kreuz für das Heil der Welt geopfert hat, und Friedensengel, umspannt der Präsident mit ausgebreiteten Armen die durch ihn versöhnte Menschheit; die Krawatte mit den Tauben gibt die Absicht der Pose deutlich genug zu erkennen. Als Friedensstifter eignet sich Clinton die Züge eines Gottes an. Der Weltruhm seines Landes verklärt den Präsidenten, und auch wenn sein Anzug nicht so pompös ist wie einst der Hermelin, so läßt ihn doch der Nimbus der Macht schön erscheinen. Als Staatsperson steht Clinton in einer Tradition, in der der Status, nicht der Geschmack über die Schönheit der Erscheinung entscheidet. Verkümmert, wie Symbole der Herrschaft es nun einmal im aufgeklärten 20. Jahrhundert sind, haben sie dennoch eine Wirkung auf die sinnliche Wahrnehmung und das ästhetische Urteil. Als korrekt gekleideter Mann vertritt Clinton seinen Staat nach außen, der »schöne Clinton« figuriert als der Repräsentant des *mächtigsten* Landes der Welt; seine Schönheit ist Symbol der Überlegenheit seines Staates.

Nicht nur der mittelalterliche König hat, wie es die rechtshistorische Analyse von Ernst Kantorowicz zeigt, zwei Körper, einen symbolischen Leib und einen sterblichen (»Die zwei Körper des Königs«. Stuttgart 1990); auch für den Präsidenten eines fortschrittlichen westlichen Staates gilt diese Trennung; auch Clintons Erscheinung zerfällt in *two bodies*. Im Laufe der Geschichte allerdings ist sogar der sterbliche Teil der Staatsperson, der zunächst privat und also politisch bedeutungslos war, zur öffentlichen Angelegenheit geworden. Jede Unterhose Clintons und jede Anzugsnaht sind symbolisch. Privatheit als *die* Eigenschaft des demokratischen Bürgers will sich heutzutage durch das Staatsoberhaupt repräsentiert sehen. Der gesellschaftsfähige Clinton vertritt daher den abstrakten Staatskörper; der nachlässige das Volk, das dazugehört.

Vom »anderen Clinton« spricht *Newsweek* wie von einem dahergelaufenen Ladendiener und scheint dabei zu vergessen, daß dieser ebenso repräsentativ ist wie der »schöne Clinton« – warum sonst bestünde Anlaß, so erregt von ihm zu sprechen! In seiner Nachlässigkeit ist Clinton der Vertreter der *freiesten* Nation der Welt, was die Zeitschrift als Achtlosigkeit der Aufmachung und Rohheit des Benehmens nur mißversteht. »Ist Amerika eine Nation von Schlampern?« fragt sich *Newsweek,* und da die Zeitschrift die Frage bejaht, ist Clinton der *primus inter pares,* der erste Ungepflegte unter lauter Ungepflegten – und doch kann man ihn als einzigen keinen Schlamper nennen, denn er weiß, was er tut.

Da Kleidung eine der vielen Arten ist, durch die sich Menschen verständigen, muß auch ihre Vernachlässigung als Wink verstanden werden. Das Einerlei von Turnschuh, T-Shirt, Jeans, die jedermann zu jeder Zeit zu tragen erlaubt sind, nivelliert die sozialen Differenzen, die bislang jede Kleiderordnung symbolisch zur Schau trug. Jedes traditionelle Kleidungsstück, vom Material bis zur Machart, war Standeszeichen. Trainingsanzüge, Jogginghosen und Sweatshirts hingegen demonstrieren die Gleichheit aller. Der »andere Clinton« ist daher der Symbolträger der Symbollosigkeit, er ist der Präsident der Demokratie schlechthin. Deutschland steht, wie in vielem, so auch im demokratischen Habitus den Amerikanern nach: Diese können einen joggenden Präsidenten vorweisen; die Deutschen haben es bestenfalls zu einem wandernden gebracht.

Schönheit bringt Rangunterschiede und Leistungsdifferenzen zur Geltung. Die Idee der Gleichheit stellt sich im Gegensatz dazu in der »nicht-mehr-schönen« Erscheinung aus. Nachdem schon in der ersten Hälfte des Jahrhunderts Zylinder, Frack, Smoking, Cut, Schwalbenschwanz, Bratenrock und Waffenrock, die letzten Reste einer zeremoniösen Geselligkeit, eingemottet worden waren, unterschied die gute Sitte nur noch grob zwischen öffentlichem Auftritt und Privatheit, zwischen Anzug und Schlafanzug. Bei den von nun an so leicht zu lösenden Formfragen hat sich aber die Konnotation der Würde verlagert. Bis in die Nachkriegszeit hinein trug der Mensch das bessere Gewand bei feierlichen Anlässen, meist also in seinen freien Stunden. Schönheit und Fest blieben, wie seit alters, aufeinander bezogen. Die Arbeitskleidung galt als unschön und war farblos, formlos, nicht beengend. Inzwischen hat sich das Verhältnis von Arbeit und Freizeit bei der Bewertung der Erscheinung umgekehrt. Der sonntägliche Herrenanzug, Markenware, steif und quadratisch, dient nun als Geschäftsanzug, die frühere Arbeitskleidung – und fast alles, was uns lieb und teuer ist, Jeans, Pullover, Latzhosen, Schürzenkleider, Hanfjäckchen, waren und sind zum Teil noch Aufzüge für praktische Verrichtungen – als Freizeitkleidung. Freizeit ist das alltägliche Fest, für das man sich besonders schlecht anzieht, der »schöne« Mann im Anzug hingegen erhält den einzigen Titel, den das Bürgertum noch zu vergeben hat: Geschäftsmann.

Die Unternehmen sind in der westlichen Welt die letzten Bastionen des Geschmacks, und so verwundert es nicht, wenn *Newsweek* den Entschluß von IBM, diesen Verantwortungsbereich abzustoßen, auf die Stunde genau vermerkt wie den Tag einer Kapitulation: »Das neueste Zeichen setzte am Freitag, dem 3. Februar, Louis V. Gerstner Jr., der Leiter von IBM, als er den unumstößlichen, wenngleich ungeschriebenen Kleider-Code für die 800 Arbeiter im innersten Heiligtum des amerikanischen Kapitalismus lockerte. *Dressdown*-Tage, eine Formulierung, die zum ersten Mal vor fünf Jahren in Publikationen aufgetaucht war, werden inzwischen schätzungsweise von der Hälfte der Büroangestellten in den USA gutgeheißen. Große Banken ebenso wie kleine Firmen gehören zu den Unternehmen, die zu Ehren des herannahenden Wochenendes die Angestellten von der Qual der Krawatten und Nylonstrümpfe befreien. [...] Schließlich hat sogar ein Gouverneur, John Kitzhaber in Oregon, für sich selbst den ›nachlässigen Freitag‹ verkündet, indem er seine Termine in zerknautschten *Levi's*-Jeans mit abgerissenen Knöpfen wahrnimmt.« Aus der neuen Stillosigkeit hat die

Bekleidungsindustrie sogleich ihren Vorteil gezogen und verkauft nun Ausstattungen *just for fridays* oder den *Businessalternative-Look*.

Kleiderordnungen müssen ein Zentrum haben, an dem sie sich orientieren. Vom höchsten Priester und König, die die ästhetische Ausstattung der Kirchen- und Staatsfeste vorschrieben, ist ihre Verwaltung im Laufe der Geschichte in die Hand der Bourgeoisie übergegangen. Deren Festplatz ist die Promenade, und deshalb verschrieb das Bürgertum jedem Küchengehilfen den Sonntagsanzug, falls er sich auf den Boulevard wagte. Erst seit dem 20. Jahrhundert bestimmen wirtschaftliche Unternehmen die Kleiderordnung. Die Lockerung der Vorschriften bei IBM bedeutet daher in der Tat eine kleine Revolution.

Die Abschaffung der Standesunterschiede hatten die Außenseiter der Gesellschaft übernommen, die Künstler und Intellektuellen. Da die Negation von Schönheit ihre historische Aufgabe gewesen war, waren auch sie es, die als erste die allgemeine Häßlichkeit beklagten. Denn nun war ihnen von der Masse das Privileg, *nicht* schön zu sein, entwendet worden. In der Tat halten mittlerweile alle Bürger eine nachlässige Kleidung für künstlerisch, weshalb sogar der Unternehmer nicht abgeneigt ist, sobald er sein Geschäft hinter sich hat, den Ästheten zu spielen, das Hemd aufzuknöpfen und Sandalen zu tragen: »Der Verzicht auf eine Krawatte wird in der öffentlichen Meinung mit Kreativität zusammengebracht, mit Imagination und 50 Millionen Dollar öffentlichem Darlehen als Startkapital (*Initial Public Offerings*)«, erklärt *Newsweek*. Die Mimesis des Unternehmers nach unten, wenn er den Künstler spielt, kann sein Angestellter leicht nachäffen, indem er in seinem schlechtesten Freizeitanzug den Unternehmer mimt: »Sie sehen aus wie ein Unternehmer, wenn sie sich achtlos kleiden,« empfiehlt Barbara Seymor, Kleiderberaterin von *Timberland*.

Die einzige Aufforderung zum *dress-up* im Zeitalter des

dress-down geht von der Sportkleidung aus. Der Freizeit-sportler, der Radfahrer zum Beispiel oder der Skifahrer, bietet in der knappen Stunde seiner Fast-Professionalität in der scheckigen sportswear immerhin einen erfreulicheren Anblick als der Familienvater beim Stadtbummel oder der Abiturient in der Diskothek. Die Faszination der Sportler, die eigentlich das Bild des unschönen, des arbeitenden, angestrengten, verzerrten Menschen darstellen, es aber gleichzeitig durch die Demonstration von Kraft und Freude legitimieren, liegt im Nachweis, daß man als Werbeträger Millionär werden kann. Sportler sind die letzten, die das »Tellerwäscher-Märchen« bestätigen. Es erzählt den europäischen Traum von der amerikanischen Demokratie, in der der Reichtum und also auch die ästhetische Erscheinung klassenlos sind. Diese Illusion verklärt den Trainingsanzug mit dem Logo einer Sportfirma zum schönen Kleid, auch wenn er ohne jeden Profit im Lehnstuhl, im Garten oder auf der Piazza getragen wird. Denn nur für ein paar Stunden in der Woche rackert sich der Bürger in den hübschen, papageien-bunten Stretchhosen als millionenschwerer Radprofi ab. In der Öffentlichkeit hingegen tritt er lieber als der glückliche Sieger auf, der sich im »Après-Sport« relaxt.

Nicht einmal die Jugend hat noch Lust zu blühen. Farbloser nie sah eine Jugend aus als die, die an späten Abenden den Diskotheken zuströmt. Als »ravig«, als angemessene Kleidung für die sportliche Strapaze der »Raves«, der Dauertanznächte, gilt ein T-Shirt mit verrücktem Aufdruck. »Allein die richtige ›sportswear‹, das T-Shirt in XXL und die Hochpreis-Hosenmarke, definiert den sozialen Status auf der Tanzfläche«, stellt Peter Kemper in einem Artikel über den neuen Stil in Diskotheken fest. (FAZ, 12.4.1995) In den lauten und dunklen Kultstätten löst sich die individuelle Gestalt ohnehin in lauter Lichtreflexe auf und dem Auge fliegen Fetzen von zerstückelten Körpern zu, die es nie zu einer schönen Gestalt zusammensetzen kann.

Es mag das Fernsehen sein, das das Auge an den Genuß von nichts als bunten Flecken gewöhnt hat. Auf der kleinen Fläche des Bildschirms entwickeln sich kein Raum und kein Körper, keine Schönheit, nur Farbeffekte haben die Chance, bemerkt zu werden. So illuminiert neuerdings die bunte Krawatte als einziger Lichtblick die Griesgrämigkeit des Herrenanzugs, weil selbst Schriftsteller und Gelehrte, wenn sie schon einmal im Fernsehen über Geist und Buch diskutieren dürfen, die Miniatur ihrer Erscheinung auf dem Bildschirm durch diesen kleinen Farbreiz bemerkbar machen müssen. Da die einfarbigen Sportlerhemden zum Zweck ihrer Werbewirksamkeit im Fernsehen durch Farbkleckse belebt werden mußten, flimmert das gesamte Straßenbild vor lauter Farben. Kein Körper, der nicht zerstückelt wäre, kein Kinderwagen und kein Schulranzen, dessen Kontur sich nicht im polychromen Farbenspiel verzerrte.

Dress-down schaltet das Auge, jenes Organ, das, was seinem Wohlbefinden schmeichelt, als Schönheit tituliert, als Kommunikationsmittel aus und läßt den Körper, der sich bislang in der Stadt zur Schau stellte, bei sich selbst heimisch werden. *Dress-down* bedeutet die Herrschaft des bleichen Fleisches über die Kontur, die die Kleidung dem Körper seit Jahrtausenden aufgezwungen hat. Balzac nannte die Gesichter der Deutschen »physiognomies infinies«; der Naturausstattung dieses Kopfes wird nun das gesamte Aussehen angepaßt, und durch die Straßen schlendern lauter Unvollendete.

In der öffentlichen Ausstellung der Gemütlichkeit geht Deutschland allen anderen westlichen Nationen voran. Die USA mögen das *dress-down* übers Wochenende hinaus auf den Freitag ausgedehnt haben – bequem können sie es sich aber nur zu Hause machen. Die gitterförmig angelegten Straßenzüge der amerikanischen Cities, die sich schneiden ohne Platz für einen Platz freizugeben, lassen, wie Richard Senett zeigt, kein Verweilen in der Innenstadt zu. Die Anlage der europäischen Stadt hingegen mit den winkeligen Straßen, Rathaus- und Schloßplätzen, mit Parks und Brunnen kommt dem Öffentlichkeitsstil einer träg genießenden Nonchalance entgegen.

Der Anblick der Menschen in der Öffentlichkeit könnte das Auge nicht gar so sehr brüskieren, wenn nicht dem Kleiderstil entsprechende Gesten die Inszenierung abrunden würden. Das Wochenende ohne Kleiderordnung bei IBM wurde zuvor nicht einmal in den Städten, sondern im Urlaub geprobt; die ungezwungenen Gesten des Strandlebens prägen nun den Habitus auch der Innenstädte. Die ersten Seufzer über den Untergang von Schönheit und Sitte waren über Touristen zu hören. Heute beurlaubt sich jeder, der in die City geht. Unsere Straßen sind Strandpromenaden geworden, unsere Parks Liegewiesen, die Brunnen Planschbecken, kurz: unsere Städte werden als Ferienorte geliebt. In die befremdliche Situation des einzelnen auf der Straße führen die Menschen gestisch eine Nachlässigkeit ein, die bislang nur im Umgang mit Nächststehenden erlaubt war. Auch an den Stränden der nahen und fernen Welt ist der Mensch so unbekannt, daß jegliche Selbstdarstellung unsinnig wäre. Inzwischen ist die Straße von der Uferpromenade kaum noch zu unterscheiden. Hier wie dort gehen und sitzen Menschen in Ferienkleidung, die nicht gefallen will, sondern bequem und natürlich ist: Frauen in Strandkleidern; Männer in – bestenfalls – Polohemden und kurzen Hosen, die auch heute das seit Jahrtausenden versteckte und verpönte Männerbein nicht schöner machen; Shorts für junge Mädchen, die den Hauch von Sinnlichkeit ins Bild bringen, ohne den es selbst der apathischste Urlauber nicht aushält. Unterschieden nur durch wenige Farben, sind die Kleider leger wie Hausanzüge oder Pyjamas und infantilisieren ihre Träger.

Die Devise des Mai '68 – »sous le pavé est la plage« (unter dem Pflaster liegt der Strand) – war nicht die revolutionäre Forderung nach einer Emanzipation des Subjekts in utopischer Ferne; sie ist vielmehr die Antizipation der nächsten Zukunft gewesen. Sollten damals die Straßen tatsächlich noch Orte gewesen sein, aus denen soziale Repression und subjektive Depression zu vertreiben gewesen waren – heute, dreißig Jahre später, hält sich auf ihnen nur das Behagen der modischen Erleichterung auf.

Im kollektiven Raum der Stadt breitet sich mit den Nachwirkungen des Urlaubs die Abenddämmerung der Idee einer utopischen Gleichheit aus, die allerdings eine ästhetische Gleichgültigkeit ist. Schönheit, Statussymbol seit je, galt seit dem 18. Jahrhundert als eine böse Folge der Zivilisation. Wer sich heute über den Verlust der Schönheit beklagt, verrät eine revolutionäre Idee des Bürgertums: die Natur. Sie war der Garant von Gleichheit und Brüderlichkeit, dem die Qualität einer Gottheit zukam. Das vornehmste Gebot, das sie erließ, galt dem Aussehen und Betragen. Der erste Illustrator eines *dress-down* ist Daniel Chodowiecki. Er trieb die Idee der Natürlichkeit, kaum daß sie gedacht war, schon auf die Spitze. Das höfische Paar – so zeigt es eine seiner Radierfolgen – legt die lächerlichen Rokoko-Gewänder und manierierten Gesten ab und feiert seine Auferstehung als nackter Jüngling und freizügig drapierte Jungfrau im Angesicht der Natur. Die Griechen waren für die Bürger die erste Gemeinde der Göttin Natur. Das griechische Ideal der Schönheit trat daher für sie in der Statue in Erscheinung, bei der selbst die Nacktheit Kontur hatte. Chodowieckis nacktes Paar übernahm von ihr die Haltung des Gottes oder olympischen Siegers; das schlichte Gewand war die bedeutungslose Hülle für seine wahre leiblich-geistige Schönheit.

Dem natürlichen Menschen, der sich von allen Standesvorurteilen befreit hat, kann es deshalb auf das Kleid nicht ankommen. Auch die stillosen Anzüge der vielen in den Städten bedecken nur das Fleisch des natürlichen Körpers und verstecken es nicht. Die Nachwelt hat die ideelle Nacktheit mit der anatomischen verwechselt. Deren Armseligkeit, die nur die Liebe zu akzeptieren vermag, wirkt, ausgestellt in aller Öffentlichkeit, erschreckend unschön. Gleichwohl erinnern sich die Zuschauermassen in den Sportstadien heute, wenn sie sich die Oberhemden ausziehen und dem Vordermann die nackten Beine in den Rücken stoßen, der verklingenden Botschaft von »edler Einfalt und stiller Größe«. Auf den Rängen hinter Clinton sitzt die Idee des Griechentums und die nackte Wahrheit der Demokratie. Nur der Nörgler, zu dem der Intellektuelle in der Moderne geworden ist, hat an dieser Einlösung der Utopie etwas auszusetzen. Er nennt häßlich, was nur »nicht-mehr-schön« ist, und verleugnet, was einmal seine, ja überhaupt der Menschheit letzte Religion war: die allgemeine Gleichheit.

Sophia Loren:
Was Schönheit einmal war und was aus ihr geworden ist

Die Männer der Sophia Loren, das fordert ihre kulturhistorische Rolle, müssen an ihrer Lächerlichkeit zugrunde gehen. Altmans Film »Prêt-à-porter« macht klar, daß der Liebhaber sich vor dem erhabenen Striptease einer Göttin nur in den Schlaf retten kann, wenn anders er nicht wie der ohnehin obsolete Ehemann an einer Semmel ersticken will. Je weiter es ein Mann im Leben gebracht hat – und Sophia Lorens Film-Ehemann dirigiert immerhin ein ganzes Mode-Imperium –, desto herablassender wird er von ihr behandelt; bestenfalls verzaubert in einen kleinen Hund hätte er eine Chance gehabt, ihre Aufmerksamkeit und Liebe auf sich zu ziehen. Der Schönheit, so hat es der Film begriffen, darf die Leistung nicht zu nahe treten. In den Ehrenhof ihrer Ausstrahlung dringt die Anstrengung nicht ein; nur die Anbetung drängt sich an ihre Peripherie. Schönheit ist ein Sieg ohne Mühe, ein Verdienst ohne Arbeit und daher in der abendländischen Kultur ein Attribut der Frau, wohingegen männliche Tugenden immer »nur« Errungenschaften sind.

Schönheit ist, nach Emile Durkheim, *die* Geste des »anderen Zustands«; die Haltung, die anzeigt, daß die profane Zeit des Alltags überschritten und die heilige Zeit des Festes eingeleitet ist. Der Mittelpunkt des Festes, der Gott, ist erhaben, seine Erscheinung unter den Menschen, das Götterbild, ist schön – und schön machen sich die, die sich ihm nähern, die Priester vor allem und Jungfrauen. Je weiter entfernt vom Gott die Feiernden stehen, desto weniger fällt von seinem Glanz auf sie und desto weniger gleichen sie ihm. Da die Männer immer am Ende von Prozessionen einherschreiten, bringen sie ihren Rang und ihre Rangabzeichen, nicht ihre Schönheit dar.

In unseren aufgeklärten Zeiten befriedigen die Zelluloidgötter letzte Reste eines archaischen Bedürfnisses nach Verehrung. Sophia Loren wurde unter allen Idolen des Films am nachdrücklichsten die Erscheinung der Göttin und damit der Schönheit übertragen. Nicht zufällig spielt sie in Altmans Film, der eine Geschichtsphilosophie der Schönheit in Szene setzt, die Hauptrolle. Alle Filmstars ihrer Generation hatten außer ihrem attraktiven Äußeren eine Funktion, die eine historische Wende des alltäglichen Lebens anzeigte: Brigitte Bardot war das Symbol der sexuellen Befreiung, Marilyn Monroe kündigt den Siegeszug des *american style of life* an, des spritzigen Freizeitstils der Angestellten, Ingrid Bergman verteidigte dagegen die alteuropäischen Vorstellungen von Liebe und Treue. Welche Position aber hätte Sophia Loren vertreten? Sie besetzt eine Leerstelle im historischen Panorama der Nachkriegszeit und wäre ein Nichts, wenn sie nicht die Schönheit selbst wäre, aristokratisch, wie diese seit Jahrtausenden die Menschheit regiert. Mit der Menge läßt sie sich nicht ein, ihr steht sie immer voran.

Altmans Film setzt die Metapher »Diva«, die das 20. Jahrhundert den Imitationen untergegangener kultischer Zentralgötter zugestanden hat, in Szene. Sein Film scheint ein Idol zu feiern und entthront es doch durch die Analyse seiner Inszenierung. Sophia Loren bewegt sich in ihm entweder in einem luxuriösen Boudoir wie in einer *cella,* die kaum je von einem anderen betreten wird, oder sie führt einen Reigen von Dienerinnen der Schönheit an, die heute Models heißen. Wo sie erscheint, öffnet sich um sie ein Ehrenhof, und wenn am Ende des Films die Funktion ihrer Rolle erfüllt ist, läßt sie ihre Priester und Verehrer einen Blick tun in den

Orkus: Der Ehemann, der sich zu weit über ihre Schwelle gewagt hat, wird zu Grabe getragen, doch seiner gedenkt weder einer der Teilnehmer der Beerdigung im Film noch einer der Zuschauer im Kino. Die *Pompes funèbres* dienten der pompösen Selbstdarstelllung einer stolzen Schönheit, die, unverletzlich, unzerstörbar, ein Gegenentwurf zur Vergänglichkeit und der Inbegriff des Lebens ist.

Schönheit ist eine Geste, keine Naturgegebenheit. Als Inszenierung ist sie im Theater und seinem Abkömmling, dem Kino, gut aufgehoben. »Prêt-à-porter« enthüllt dies Geheimnis der Schönheit und ist, wie alle Aufklärung, in jenem Augenblick erst möglich, da die Wirkung des schönen Scheins bereits verblaßt. Während die jungen, unausgewachsenen, storchenbeinigen Models in diesem Film um die Anerkennung ihrer Grazie arg zu zappeln haben, läßt er die Aura unberührt, die die alte Diva umgibt. In ihr erscheint das Schauspiel der Wohlgestalt als sei es keines; sie ist das anachronistische Relikt, dem die Blendung des Betrachters ein letztes Mal glücken darf. In Wahrheit aber ist sie das Studienobjekt eines Historikers, Altmans, der Maske, Kostüm und Requisit so in den Blick rückt, daß Kult und Kultivierung durchschaubar werden.

Ihre verständlichste Sprache führt die Schönheit im Gesicht, weil sie dort als Sinnlichkeit so gut wie als Geist verstanden und mißverstanden werden kann. Das Mittel der Physiognomie der Schönheit ist die Kontur. Die Bemalung der Götterstatue schreibt mit deutlichen Linien dem Haupt Vollkommenheit ein. Mitten durch Europa verläuft eine Grenze der Schminkkultur. Nach Norden zu wächst die Dezenz und verblaßt das Gesicht, bis ihm die Idee der Natürlichkeit mehr Wahrheit als Kunst abverlangt und das Schminken verbietet. Ingrid Bergmans scheinbare Ungeschminktheit ist das Gegenbild der Sophia Loren. Mag sein, daß die Grenze zwischen Farbe und Blässe, zwischen Kontur und Fläche, Umrißzeichnung und Landschaftsmalerei im

Gesicht zusammenfällt mit der katholischen, dem kultischen Ritual noch näher stehenden Religion der Länder des Südens bzw. der protestantischen, der Innerlichkeit, dem Wort zugewandten Kultur in Nordeuropa.

Kontur jedenfalls ist alles im Gesicht der Sophia Loren: die umrandeten Augen, die einzeln abzählbaren Wimpern, die Brauen, der große Mund, das Blitzen der Zähne – nichts ist, außer den Backenknochen, dem Zufall der Natur verdankt, jede Taktik der Verschönerung dient der Annäherung an eine Erscheinung, wie sie von Götterbildern bekannt ist. Nicht das Fleisch im Gesicht, nur die Linien in ihm, die markanten Zeichen, werden als Bewegung, als Leben bemerkt. Die Überdeutlichkeit der Mimik gibt diesem Gesicht jenen Schein von Intelligenz, der bei einem Filmstar verwundert. Hier aber stellt sich nicht die Intelligenz dar, die denkt, sondern die, die strahlt. Das immer zu hoch aufgekämmte Haar umgibt den Kopf der Diva wie ein Nimbus. Dem monumentalen Haupt entspricht der statuarische Leib. Nie hat man Sophia Loren in einem modischen Gewand gesehen. Was sie trägt, ist das, was das Jahrhundert als klassisch, als jenseits aller Mode ansieht. Ihre Konventionalität gibt sich als zeitlos aus, und dennoch hat sie nie den Vorwurf des Unmodischen, Zurückgebliebenen zu fürchten gehabt. Freilich spielen natürliche Vorteile dieser Inszenierung den Erfolg zu. Die Größe der Gestalt und jedes einzelnen Körperteils enthebt das Bild der Diva aller weiblichen Bescheidenheit und nähert es dem übermenschlichen Maß der Götter an, denen sich der Mensch als schöner Mensch im Fest anzugleichen versucht.

Nicht nur Photographen und Journalisten haben, bei dieser wie bei jeder öffentlichen Person, die Kreation von Visagisten, Couturiers und Regisseuren bestätigt. Das Publikum selbst hat sich an der Inszenierung der Erhabenheit beteiligt. Wie Altman die Männer aus der Umgebung der Diva entfernt, so will auch im wirklichen Leben die verehrende Gemeinde von Begleitern an der Seite des Idols nichts wissen.

Sollte der kleine und rundliche Ehemann von Sophia Loren von ihr selbst als komischer Kommentar zu ihrer erhabenen Erscheinung gedacht gewesen sein, der bald in Vergessenheit geraten mußte, so war das Publikum, das in allen anderen Fällen Familienszenen noch mehr liebt als schöne Anblicke, nicht einmal willens, die schönen Söhne in ihrer Nähe zu dulden. Sophia Loren *ist* nicht Ehefrau und nicht Mutter, sie *ist* Schönheit, nichts sonst! Die Einsamkeit, die Schönheit umgibt, bestätigt auch Altmans Film. Die einzige Aufgabe, die die Schauspielerin dort zu haben scheint, ist es, sich stolz wie eine Staatskarosse durch die Menge der Models zu schieben. Das Schwarz, das sie fast ausschließlich trägt, ist nicht das verschmutzte eines schlechten, abgeschabten Materials, mit dem heute Mädchen und Frauen die kultischste aller abendländischen Farben parodieren; es ist das feierliche Schwarz des Festes, der »heiligen Zeit«, der Transzendenz. Hinter dem Sarg des Film-Ehemanns schreitet sie einher als Todesgöttin, die aus dem Jenseits kommt und selbst dem Tod nicht unterworfen ist.

Sophia Loren ist nur einer von vielen Film- und Modestars, die Schönheit repräsentieren, und doch gelingt es ihr besser als den meisten anderen, Schönheit so zum Zentrum zu machen, wie es der Festlichkeit dieses Zustands entspricht. Noch der Neid junger Mädchen aufeinander entspringt dem Gedanken, daß Schönheit absolut, einmalig, konkurrenzlos zu sein habe. Der Wettbewerb der Leistung, den die Männer austragen, sieht den Gegner wie den Mitspieler vor; das Fairplay ist zumindest der ideale Leitgedanke, wenn auch nicht immer die Praxis der männlichen Zielstrebigkeit. Eine schöne Frau hingegen will immer die einzige Schöne und die Schönste sein. Wer der Idee huldigt, mag nun einmal ihre Emanation in die Vielfalt der Möglichkeiten nicht wahrhaben.

Gleichwohl ist der irdische Himmel der Schönheit mit Göttern und Sondergöttern besetzt, zu denen sich noch eine

Schar von Dienerinnen hinzugesellt. Interne Rangunterschiede aber auch vermögen die Nicht-Eingeweihten, die externen Männer, nicht wahrzunehmen; sie erkennen nur die Zugehörigkeit zur Kultgemeinde überhaupt und nennen großzügig immer die die Schönste, die ihnen gerade die Gebärdensprache der Schönheit vormacht. Jedenfalls verträgt sich der buhlerische Hymnus der Männer gut mit dem flehentlichen Klagegesang der Frauen, indem beide sich vormachen, daß nur die Eine die Schönste sei.

Der Graphik des Gesichts und der Rhythmik des Mienenspiels hat bei der Schönheit auch die Bewegung des Körpers zu entsprechen. Das Gegenteil von schön ist nicht häßlich, sondern steif. Die Grazien, die Begleiterinnen der Venus, verkörpern die *schönste* Eigenschaft dieser Göttin. Auch sie selbst ist nie anders als in Bewegung gebildet, sie stellt den Fuß locker auf einen Schemel, sie hält den Spiegel, verrenkt sich – eine erste pornographische Gymnastik, wie sie von Pin-up-girls für Herrenjournale trainiert wird – den Hals, um ihre Rückenpartie zu betrachten; was immer Gewand an ihr ist, rutscht und flattert, kurz: sitzende Götter sind erhaben; Götter, die sich bewegen, Venus, Apoll, Diana, sind schön. Merkur, scheinbar der bewegteste aller Olympier, gehört zu ihnen nicht, er läuft, er eilt. Seine Bewegung hat ein Ziel; die der Schönheit aber ist ziellos, sie ruht, wie Kleist es in seinem Aufsatz über die Grazie der Marionette gezeigt hat, in einem Schwerpunkt, der in ihr liegt. Der aus dem Innersten nach außen dringende Bewegungsimpuls der Kleistschen Marionette schwingt umso weiträumiger und sichtbarer, je weiter er vom Zentrum entfernt ist.

Die Gliedmaßen sind, aller männlichen Lüsternheit zum Trotz, daher bei einer Schönheit wichtiger als der Leib. Letztlich wird seine Beweglichkeit ins Gewand transkribiert, weshalb Schönheit nicht nackt sein darf. Selbst die *Venus pudicitia* macht eine Geste, als wünsche sie ihr Kleid zurück. Auch wer meint, den Körper zu genießen, erinnert sich noch des Charakters, den das Kleid vorgezeichnet hat – und einer seiner Entwürfe könnte die Schönheit gewesen sein. Von Botticellis *Primavera* bis zu Sophia Loren entfaltet die Pathosgeste des Gewandes den Formenschatz der Schönheit. Freilich erlaubt das 20. Jahrhundert, und zwar nicht, weil es zweckrational, sondern weil es profan ist, nur noch spärliche Andeutungen schöner Gesten durch das Kleid. Die Konventionalität der Kleidung von Sophia Loren, die in Seide und Spitze geht, liegt in der Funktion des schönen Leibes begründet, der weiche und also altertümliche Stoffe braucht, um den Schwung ans Gewand weiterzugeben. Eleganz ist das Spiel des Körpers mit dem Stoff.

Das Duett von Leib und Kleid ist Ausdruck der für das Abendland charakteristischen Erotik, die erst durch den Lebensstil der Neuen Sachlichkeit abgeschafft wurde. Der Schönheit nähert sich eine Begehrlichkeit voller Achtung. Die Stoffmassen schaffen, wie Robert Musil es in einem Aufsatz über »Die Frau gestern und morgen« (1924) beobachtet, »eine ungeheuerliche künstliche Vergrößerung der erotischen Oberfläche«. Das Kleid habe die Aufgabe, »den eindringlichen Wunsch des Mannes aufzufangen [...]; es verteilte den so einfachen Strahl dieses Wunsches auf eine große Oberfläche [...] wie man mit einem einzigen Fluß meilenweites Land bewässert.«

Nur selten noch bewegt sich's und flattert es in der neuesten weiblichen Mode. Auch wenn die Frauenmode nicht die vierschrötige Herrenkleidung kopiert, geht sie sparsam mit dem Stoff um und bevorzugt grobe Materialien, schneidert sie weit zwar, doch nicht beweglich, sondern lieber bequem, damit der Körper sich darin einbetten kann. Vor allem aber baut sie die weibliche Figur aus der waagrechten Linie auf und legt Schnitte quer durch den Körper vom Scheitel bis zur Sohle. Die traditionelle Schönheitslinie fiel den Körper hinab und stieg an ihm wieder empor. Die neue Waagrechte hingegen scheint den Körper zu zerstückeln und ihm jegliche

Bewegung auszutreiben. Bislang mußten alle Kinder lernen, ihre Hemden in die Hosen zu stecken, und selbst vertrottelten Gelehrten hat man es verübelt, wenn sie unter dem Pullover das Hemd hervorhängen ließen; nun ist aus einer Schlamperei weiblicher Charme geworden, und wenn schon nicht dieser zerknitterte weiße Halbmond die Rückenansicht unschön teilt, so muß zumindest ein zu langer Pullover unterm Lederblouson hervorschauen und körperfremde Linien über die Hüften zeichnen. Elfmal vermöchte sich so gegenwärtig eine Frau mittendurch zu schneiden, wenn sie es darauf anlegte, an einem milden Wintertag mit offenem Mantel zu promenieren: Den Hals durchtrennt der Kragen eines Unterhemds, der über der Waagrechten von Pulloveransatz und Jackenkragen hervorschaut, die Brust wird von einem Sattel zerschnitten, die Taille vom Gürtel, die Hüfte vom Pulloverende, vom Jackenrand und dem darunter hervorspitzenden Hemdenzipfel, die Oberschenkel durchstreichen Rock- und Mantelsaum, das Schienbein Kniestrümpfe oder Söckchen und der Stiefelschaft.

Dieser horizontale Aufschnitt staut den vertikalen Linienfluß. Der Blick des Betrachters wird nun nicht mehr von oben nach unten gleiten, auf welchem Weg er an allen Orten des Körpers lustvolle Rastplätze fände; er sieht sich allenthalben gebremst, und geriete nur, wollte er der Anweisung der elffachen Horizontalität folgen, rechts und links aus der Figur hinaus. Auch die Stoffe, die die Mode bevorzugt, stemmen sich einer fließenden Bewegung entgegen. Die Anschmiegsamkeit eines Anoraks und den sanften Fall eines Jeansrocks hat noch niemand zu bewundern gehabt.

Bislang hat es den Anschein, als komme keine Gesellschaft ohne ästhetische Signale aus, als sei Schönheit eine Geistesbeschäftigung von anthropologischer Konstanz; und so müßte denn auch an der Leidenschaft des 20. Jahrhunderts für *Levi's*-Jeans nicht ein Zeichenwandel hin zur Achtlosigkeit, sondern einer innerhalb der Sprache der Schönheit auszumachen sein. In der Tat liegt die Verbreitung der Jeans *vor* der Mode der Horizontalität, ja der Hosen-Stil betont die traditionelle Vertikale der Schönheit mehr noch als jeder Rock. Der grobe, bewegungslose Stoff der Hose ist deshalb immer noch als ästhetischer Reiz wahrnehmbar, weil sich die Beweglichkeit der Frauen geändert hat: Sie ist heftiger und freier geworden. Bis ins 20. Jahrhundert etwa mußte jede Frau in der Öffentlichkeit »geführt« werden; ihre Bewegungen am Arm des Begleiters waren gehemmt und vorsichtig; es bedurfte daher eines sensiblen Pendants, des Kleides, das die kleinen Impulse des Körpers in sichtbare Schwingungen übersetzte. Diese anschmiegsame Mode konnte in der ersten Hälfte des Jahrhunderts von hautengen Röcken und Hosen abgelöst werden, weil sich in den Großstädten die Frauen selbständig, schnell, sportlich und auf die Ferne hin deutlich sichtbar bewegten. Der gröbere Stoff korrespondiert einer weiträumigeren Bewegung.

Sophia Loren ist der historische Kontrapost zum modischen Stil der Gegenwart. Deshalb, und nicht aus Bewunderung, rückt sie Altman ins Zentrum seines Films: Mittelpunkt ist sie nicht wegen ihrer Schönheit, sondern weil Schönheit bis zu ihrer Epoche hin grundsätzlich Mittelpunkt sein mußte. Dem einmaligen und ehemaligen Idol stehen nun die auswechselbaren Models gegenüber, deren Körper von Fleckchen und Farben zerschnitten und deren Auftritte so blitzartig sind, daß dieser Körper selbst zum Fleck im Bild wird. Wie ein illuminiertes Wellengekräusel flackern die Models über die Leinwand und lassen dieses und jenes schöne Stück sehen. Sophia Loren schwebt als letzte Venus über diesem Meer, das dem Betrachter nicht mehr Enthusiasmus, sondern nichts als eine müßige Zerstreutheit abverlangt.

Gemeinsam jedoch durch alle Jahrhunderte hindurch, so scheint es, ist aller Schönheit der Schmerz. Vom Scheitel bis zur Sohle war und ist die Schönheit ein gequältes Subjekt. Wenn in der Tat Schönheit die Bedingung für die weibliche

Annäherung an den Bezirk der Gottheit ist, so muß sie bezahlt werden. Masochismus ist Opfergabe. Wie die Männer von dem, was sie erarbeitet haben, ihren Obolus vor dem Altar niederlegen, so bringt sich die Schönheit, da sie sonst nichts hat, selbst zum Opfer dar, indem sie sich peinigt – ob sie nun die chinesischen Füße in zu kleine Schuhe zwängt oder auf Pfennigabsätzen über den amerikanischen Asphalt balanciert; ob sie die Haare mit Nadeln bändigt oder mit Gel; ob sie sich die Ohren oder die Nase durchbohrt, den Busen unter ein Brett preßt oder in ein Mieder, die Taille schnürt oder nichts ißt.

Es scheint nur so, als winke heute die Erlösung von all dem Jahrhunderte währenden Einschnüren, Zurren, Pressen, Ausdünnen. Die Profanierung und Befreiung vom Diktat der Schönheit scheint gelungen zu sein – und wieder wird sie zunichte gemacht: durch das Schlankheitsgebot. Askese ist die vornehmste aller Tugenden, ob der Gott, dem sie dargebracht wird, Christus heißt oder Venus oder »Gesundheit«. Schlankheit steht heute als Synonym für Schönheit. Die Konzeption der Rolle »Sophia Loren« ist altmodisch auch in der Meinung, daß die Figur durch den Sitz der Kleider zur Schau getragen werden müsse. Die losen Hemden und Jacken der gegenwärtigen Garderobe verbergen gerade im Gegenteil und mit Absicht die Vorteile einer Figur. Vieles hat zusammengewirkt, um bei den Frauen die Angst davor zu entwickeln, als schön zu gelten. Wer schön ist, mache sich zum Objekt der Männer, heißt es, habe keine seriösen Berufs- und Emanzipationsabsichten, gehöre nicht zur Avantgarde, habe kein Umweltbewußtsein, das in Nagelschuhen und Springerstiefeln besser als in Lackschuhen zu demonstrieren sei. Frauen tun alles, um unschön auszusehen – und hungern doch und leiden für ein Aussehen, das nach nichts aussieht.

Das Paradox dieser unbezahlten Leistung jedoch wird durch ein Rederitual kompensiert. Was nicht mehr sichtbar ist, der schlanke Körper, wird durch Worte beschworen. Endlos ist die Litanei der Frauen über ihre schlechte Figur, nächtelang wiederholt sich das Studium von tausenderlei Katechismen zur Gewichtsreduktion. Von ihren Partnern, Freunden und Freundinnen fordern schönheitsbewußte Frauen eine Verehrung ein, wie sie früher nicht anders zum Schönheitsritual gehörte und damals noch ohne Zögern gegeben wurde. Das Geschenk des schönen Anblicks wurde durch Gedichte und Komplimente abgegolten. Heute muß die emanzipierte Schöne so tun, als sei sie sich zu gut für jedes Kompliment. Sie kann nur, eine Metonymie, den Gesundheitszustand ihres Körpers ins Gespräch bringen, wo sie ihre Schönheit meint. Mit der Abwertung dieser Klage als *fishing for compliments* beteiligen sich die Männer nur – strapaziert, wie sie es sind durch das chronische Lamento ihrer Freundinnen – an der Verdrängung des schönen Scheins, um, da Widerstand nur neue Klagen heraufbeschört, zur Verlängerung des Rederituals beizutragen, mit dem sie schließlich doch der Schönheit ihren Tribut zu zollen haben. Um ein eindeutiges Kompliment ungeniert entgegenzunehmen, hätten Frauen jedenfalls keine Geste. Um Schönheit druckst man heute nur herum.

Die Schlußszene von »Prêt-à-porter« ist fürwahr eine Ent-Hüllung, eine Ent-Larvung. Ihrer Kleider beraubt, sind die Models nichts als Hungerleider. Die Askese, um die sich kein Tuch drapiert, ist nur erbarmungswürdig. Das Gewand dient durchaus nicht, wie es die Moral gern hätte, als bloße Attrappe; der unbekleidete Leib ist vielmehr nichts als Puppe oder Larve. Die Bösartigkeit des Regisseurs, so scheint es zunächst, läßt die Models auf dem Laufsteg spießrutenlaufen, um die dürre Folie der weiblichen Eitelkeit bloßzustellen. In Wahrheit gibt Altmans Schlußszene den melancholischen Kommentar zur *vanitas,* der der menschliche Leib unterworfen ist. Nur die Schönheit macht aus ihm ein Bild, das des Gedenkens wert ist.

Frauen – die Seele der Reklame

Die Krise der Linken, die sich zur Aufklärung über das hierarchische Wesen der Schönheit und den Konservativismus kultureller Rituale verpflichtet glaubte, befreit zu einer neuen Unbeschwertheit der Schönheit gegenüber: In den Off-Theatern kokettieren junge Frauen wieder mit ihrer Garderobe; Studentinnen verwenden gelegentlich ein Make-up und Parfüm; die Schickeria darf sich unkommentiert und aufgedonnert wie sie will auf Vernissagen zeigen.

Wenn Schönheit gewagt wird, stützt sie aber dennoch kein hierarchisches Denken mehr, sie ist vielmehr Demonstration des Selbstbewußtseins, der Besonderheit, Einmaligkeit, des subjektiven Glücks. Der Gestus der Schönheit besteht daher am ehesten in der Kühnheit, häßlich zu sein. Schön sein heißt heute Stil haben, was nicht unbedingt etwas mit einem wohlgefälligen Äußeren zu tun haben muß. Diese Tendenz zur »nichtmehr-schönen Schönheit« macht es schwer, zwischen Schönheit und Achtlosigkeit zu unterscheiden: Ist ein kurzer Rock, wenn er nun einmal gar nicht gefallen will, eine sommerliche Erleichterung für die Frau und mit Nachsicht zu behandeln, oder ist er ein Mißgriff des Geschmacks und deshalb strenger zu beurteilen? Hat der junge Mann im Unterhemd die verführerischen Fotos von Gianni Versace im Kopf, oder ist ihm nur heiß?

Ein Grund für die Ununterscheidbarkeit der Gesten ist die Kluft, die sich zwischen modischer Idee und modischer

Wirklichkeit und in ihrer Konsequenz zwischen Wirklichkeit und Reklame überhaupt aufgetan hat. Die Modezeitschrift war einmal ein Katechismus, nun ist sie nur noch Werbeorgan. Da aber bis zum Protest der Feministinnen Werbung fast ausschließlich durch die Komposition einer Ware mit einer Frau geschah, kann die Modezeitschrift, in der die Frau für sich selbst wirbt, die Reklame also gewissermaßen in ihrer Potenz erscheint, als das Zentrum angesehen werden, von dem aus das Verhältnis von Ästhetik und Wirklichkeit dirigiert wird. Die Glücksversprechen der Schönheit und des Lebens strahlen, allen männlichen Verächtern weiblicher Modetorheiten zum Trotz, von hier über die gesamte Warenwelt aus. Das Glück der Kleidung ist es denn auch, was das Journal verkündet, nicht die Verordnung, wie man sich zu kleiden habe. Oft müssen die Models in den Zeitschriften solch kuriose Stellungen einnehmen, daß das Gewand, für das sie posieren, nicht einmal mehr zu erkennen ist. Es scheint so, als wäre die Mode ein Vorwand zum Ausdruckstanz geworden. Die Models posieren für die eurhythmische Harmonie von Ich und Welt. Jede Geste verspricht Freiheit, jeder Augenaufschlag die Ankunft im Himmel. Der Stil, den die Akrobatik vorführt, ist allerdings nicht auf den Namen eines Gottes, sondern auf den des Designers getauft.

Nichts von dem jedenfalls, was führende Modezeitungen vorstellen, hat je die Chance, von einer Frau getragen zu werden: Ist es romantisch wie bei *Ungaro* und *Chanel,* so ist es auf den Hochglanzseiten der Zeitschriften viel zu romantisch für die Absicht, die auf einen gefühlvollen Abend mit Freunden zielt; ist es exzentrisch wie bei *Gaultier* und *Ferré,* so ist es zu exzentrisch selbst für die, die gern brüskiert; ist es unanständig wie bei *Versace,* so ist es so unanständig, daß jeder die Augen davor schließt; ist es elegant wie bei *Saint-Laurent,* so ist es ohnehin in seinen Boutiquen nicht zu haben, kurz: die führenden Modezeitungen *führen* nicht, sie *dichten.* Ihre Entwürfe sind reine Fiktion. So wenig wie die

Liebe im Trivialroman zum Leitbild für die selbständige und berufstätige Frau taugt, auch wenn sie sich gelegentlich solcher Lektüre hingeben sollte, so wenig wird sie beim Betrachten einer Modezeitschrift der Hoffnung erliegen, in solcher Maskerade die Welt in Erstaunen zu setzen.

Selbst die Frau, die ästhetisch auf sich aufmerksam machen möchte, folgt einer Norm, die kaum je durch Modezeitschriften zu erlernen ist. Die Normalausstattung des Ausgefallenseins besteht heute aus nur drei Elementen: zu großen Accessoires, zu kurzen und zu langen Röcken. Auf den überfüllten Straßen, in dunklen Diskotheken und im Gedränge der Vernissagen verblaßt die Eleganz, die neue Eitelkeit muß deutliche Signale geben. Die Pragmatik der Schönheit ist grell.

Ihre Idee aber ist verführerischer denn je. Gänzlich folgenlos nämlich ist das Vergnügen des Blätterns in den Zeitschriften nicht, denn warum sonst gäbe es sie? Der ökonomische Zweck, den der Bilderzauber verfolgt, beutet eine mythische Psychologie aus. Schönheit ist der Traum des Menschen von einer anderen, einer besseren Welt jenseits der Wirklichkeit. Die Menschen leben in dieser und denken an jene. Nicht nur der amerikanische Präsident hat »zwei Körper«, alle Menschen führen ein »Doppelleben«. Der Erfolg der Reklame beruht auf dem anthropologischen Bedürfnis des Menschen nach Verdoppelung. Kulte ritualisieren es, die Ökonomie nutzt es. Sie verändert die inhaltliche Vorstellung davon, wie und was das zweite Ich zu sein habe, von Augenblick zu Augenblick, von Ware zu Ware. Was sich heute Kreativität nennt, ist die Fähigkeit, einer Innovation mit Hilfe der Schönheit Namen und Geltung zu verschaffen. Auch was die Mannequins umgibt – Landschaften, Autos, Villen, Pferde, Neger –, sind konventionelle Signale, die schon bei flüchtigem Hinsehen die Entscheidung für oder gegen einen Stil provozieren, in dem sich die Idee vom zweiten Leben darstellt. Das Foto bettet Gestalt, Habitus, Schönheit in eine Erzählung ein. Das Logo des Modeschöpfers gehört zu diesem Lebensentwurf wie der Name des Autors zum Roman. Für die träumende Leserin wird der Stil abrufbar, die Übersetzung des ästhetischen Reizes in Name und Marke macht den Traum zur Illusion einer Möglichkeit. Der Name des Autors ist der Name des Sterns, nach dem man greift.

Selbst die ästhetische Frühreife der Jugendlichen, die als *Kids* und *Teens*, *Girlies* und *Bubis* schon wissen, welche Marke zu tragen ist, läßt sich aus dem ästhetischen Nominalismus erklären. Die ästhetische Erziehung ist ein langwieriger Prozeß; der hübsche Backfisch von einst war daher ein Kompliment für die Mutter, er selbst zu unerfahren, um etwas für sein Aussehen zu tun. Heute wird der unabgeschlossene Lernprozeß in einem Alter, in dem der Kopf noch auf den Spracherwerb konzentriert und also zum Speichern neuer Wörter begabt ist, durch Markennamen vorzeitig ans Ziel gebracht. Der Erfolg von *Benetton* beruht auf dieser Taktik, die ein noch unbestimmtes, jugendliches Bedürfnis nach Überhöhung mit einem und d.h. mit ihrem Etikett versieht. Eine völlig unauffällige Mode, gewissermaßen das Einmaleins des Stils, kann so getragen werden, als sei es die Extravaganz par excellence, ein politisches Programm und das höhere Selbst.

Erst durch die Reklame, die seit dem 20. Jahrhundert statt mit Worten mit Bildern wirbt, konnte der Zusammenhang von Schönheit und Werbung, Erotik und Konsum auffallen. Die neugegründete Bundesrepublik wurde ausstaffiert im Zeichen schöner Frauen. Die Bauzäune, hinter denen die neuen Häuser emporwuchsen, waren Reklameflächen, auf denen technische Geräte für Haushalt und Freizeit durch die Addition mit der Schönheit begehrenswert gemacht wurden. Die unschönsten Gegenstände konnte das Bild einer Frau begehrenswert machen: Kühlschränke, Fernsehapparate, Rührgeräte, Home-Trainer, Staubsauger, Luftmatrazen, Rasenmäher, Höhensonnen, Rasierapparate, Autos.

Jedes Ding hat von nun an seine zwei Seiten, die praktische und die ästhetische, alles Nützliche erlebt seine Verklärung in der Schönheit; der profane Gebrauchsgegenstand, der es gar nicht nötig hätte, weil er eben brauchbar ist, erfährt durch das Attribut der Schönheit seine Verdoppelung zum Numinosum, er erobert sich mit ihr sein Teil am »anderen Zustand«. Sobald Gebrauchsgegenstände in die Nähe von Frauen gebracht werden, deren Größenselbst sich ästhetisch artikuliert, nehmen sie an diesem ästhetischen Austritt aus der Realität teil.

Aller Sinn, den sich Dinge zusätzlich zu ihrer praktischen Funktion aneignen, jede ethische und ästhetische Qualität, gehört in jenen zweiten Bereich, an dessen Schwelle die schöne Frau steht und den sie repräsentiert: Liebe, Familie, Freizeit, Ansehen, Wohlstand. Die Frau ist in der gegenwärtigen Gesellschaft die Garantin der Statussymbole. Diese sind Gebrauchsgegenstände, die sich einen anderen, höheren Sinn anmaßen. Die Reklame stellt das Produkt in seiner Verdoppelung als Gebrauchs- *und* Wertgegenstand vor.

Die Metamorphose der Ware ins Leitbild, ihre Auratisierung also, hat jene Werte, die von Männern verkörpert werden – das Abenteurertum ausgenommen, das die Zigarettenreklame noch immer nutzt, um aus der Todesgefahr einen ökonomischen Gewinn zu ziehen – aus der öffentlichen Rede weitgehend verdrängt: Heldentum, Vaterlandsliebe, Opferbereitschaft, Treue, Zuverlässigkeit, Fairness. Diese atavistischen Vorzüge sind kaum von Frauen zu repräsentieren, weshalb auch die Reklame auf sie verzichtet. Die Tugenden auf Reklamewänden sind weibliche Tugenden. Omnipotent, wie die Reklame es nun einmal geworden ist, übernehmen denn auch die weiblichen Eigenschaften die Versprechen auf den »anderen Zustand« und da freilich Idole geglaubt werden wollen, prägen sie auch die Praxis und politische Programme: Schönheit verführt zur Liebe, diese zur Heirat, diese zur Zeugung, diese zur Familie, diese zum Eigenheim, dieses zur Angst um den Besitz, diese zur Wahl der CDU.

Der schöne Mann

Dem bürgerlichen Zeitalter ist die Rede vom schönen Mann peinlich. Herablassend kann man so bestenfalls einmal den unreifen Jüngling nennen, humoristisch und als sei ihm ein halbes Unglück widerfahren den Arrivierten, höchstens vom schönen Greis läßt sich in Verehrung sprechen, dessen Leib, überstrahlt vom Licht der Weisheit, bereits entrückt ist. Die Charakteristik »schön und dumm«, eine üble Nachrede, die man gern Frauen anhängt, gilt für den Mann umso mehr, als man von seiner Schönheit erst gar nicht spricht. Man würde ihm damit mangelnde Seriosität bescheinigen, beruflichen Unernst, ethische Minderwertigkeit.

Nun scheint aber, sieht man sich in Zeitschriften und in der Kultur um, das finstere Mittelalter der männlichen Unansehnlichkeit gerade zu Ende zu gehen. Der Mann wird dort, nicht anders als die Frau, auf ein spezifisches Schönheitsideal verpflichtet. Die Zahl der Hochglanzjournale, die Männern modische Ratschläge erteilen, wächst, die Kosmetikindustrie umwirbt ihn, die Fitness-Center haben Konjunktur, und in dem einzigen Zeichensystem, in dem die Männer bislang hinter den Frauen zurückstanden, in der Reklame, tritt der Mann als schönes und werbewirksames Subjekt an ihre Seite. Die Männer, die nie gern über ihren Körper gesprochen haben, machen sich mittlerweile sogar zum Objekt von statistischen Untersuchungen, die die Wirkung ihres Äußeren auf Frauen prüfen. Die Ergebnisse zeigen, daß auch der schönheitsbewußte Mann mittlerweilen mit dem Paradox umzugehen hat, daß er, wenn er sich für die Schönheit entscheidet, zwar gefällt, jedoch bei beiden Geschlechtern weniger Anklang findet als sein unansehnlicher Konkurrent.

Allerdings sind trotzdem die Männer auf den Straßen nicht schöner geworden. Alle Empfehlungen scheinen es nicht dahin gebracht zu haben, daß die Erinnerungen an den alten Adam, der auf so stolze Weise sein Äußeres vergessen durfte, erloschen sind. Den getrimmten *body* verbergen selbst junge Männer unter zerknitterten, schmutzfarbenen T-Shirts; diese schlottern um Jeans herum, deren Stoff so lieblos ist wie der Asphalt, über den sie ihre Autos kutschieren. An heißen Sommerabenden lassen vor den aufgeheizten Zementmauern der Bistros auch die Burschen vom Lande zu viel semmelblondes Fleisch sehen. Man müßte schon nach Baden-Baden reisen, damit man sich in den Promenaden-Cafés die homosexuellen Dandys im eng anliegenden Netzhemd, mit Kettchen, Ohrringen und scharfem Haarschnitt in solcher Nacktheit gefallen lassen könnte. Im übrigen lösen Männer in der Öffentlichkeit die widersprüchlichen Verpflichtungen aus zwei Epochen des Männlichkeitsideals mit der ihnen eigenen Nonchalance: Sie fühlen sich schön und zeigen sich unschön.

Es wäre nämlich ein Irrtum zu meinen, die *Happy-hour* und die *Saturday-night*-Stimmung, die einmal so bunt und aufgeregt waren, würden nun in purer ästhetischer Gedankenlosigkeit begangen. Der schmerzliche Anblick, den die Jugend in ihren Feierstunden den Erwachsenen bietet, ist weder Schlampigkeit noch Protest, sondern Angeberei: Das Leitbild der Jugend ist der Manager, freilich nicht bei der Arbeit, sondern in seiner Freizeit. Nur er, der weiß, was er ist und wie hoch er bezahlt wird für das, was er wochentags im Herrenanzug leistet, darf sich am Wochenende mit Recht solch hemdsärmelige Nachlässigkeit gestatten. Die hochgemute Stimmung, mit der die jungen Paare die für dieses Alter erstaunliche modische Gleichgültigkeit zur Schau tragen, verrät die schöne Illusion vom gemachten Mann hinter dem Pauperismus ihres Stils.

Die männliche Schönheit, auch wenn sie sich heute noch entweder verschämt im Herrenanzug oder verschlampt unterm Unterhemd versteckt hält, ist dennoch eine Erfindung des Bürgertums. Zuvor war die Schönheit des Mannes ein notwendiges Attribut seines Standes. Den König, den Fürsten machte der Rang schön. Die puristische Herrenmode des 20. Jahrhunderts läßt vergessen, daß bis dahin die männliche Kleidung den Körper unter den Zeichen des Standes versteckte. Diese werden beim Mann metonymisch anstatt des Körpers bewundert. Der männliche Körper war immer geistig, sofern er ein Feld von Symbolen war. Die Starrheit, mit der Rangabzeichen, Kronen, Amtsketten, Stolen getragen wurden, unterwarfen das sinnliche Spiel der Muskeln einem sozialen Konzept, ja sie zerstörten gar die natürliche Symmetrie der Körperbaus und die Harmonie der Bewegung, indem sie wichtigtuerisch die Aufmerksamkeit fast immer nur auf *eine* Seite und *einen* Punkt lenkten, wie etwa Szepter, Weltkugel, Ring, Orden, Marschallstab, Schwert. Sie geben dem Körper die soziale Schlagseite, die auszugleichen es die gesamte Muskelkraft des männlichen Standbeins braucht.

Das Standeszeichen verbindet den Mann mit der symbolischen Hierarchie, die er sich selbst geschaffen hat. Aus der Sphäre des Gottes, dem die Frauen mit ihrer Schönheit huldigen, tritt er heraus und errichtet sich ein eigenes Herrschaftszentrum. Die symbolische Ausstattung des Menschen ist ein erster Akt der Selbstbestimmung. Das Leben in einem selbständigen Zeichensystem ist aufgeklärter als die verehrende Unterwürfigkeit gegen die Götter. Während die Männer zu sich kommen, bleiben die Frauen, die ihre Schönheit und damit sich selbst den Göttern darbrachten, einem archaischerem Gestus unterworfen.

Das Ziel der bürgerlichen Revolution war es nun aber, Rangunterschiede abzuschaffen. Die Demokratie mußte sich einen Mann entwerfen, der keine Rangabzeichen trug. Auch wenn erst im 20. Jahrhundert diese Optik sich bestätigt hat im Anzug der Neuen Sachlichkeit, den nicht einmal mehr ein Orden schmücken sollte, so war reine Männlichkeit doch seit dem 18. Jahrhundert das Ziel der Revolutionierung der Kleidersitten, so gut wie reine Menschlichkeit das politische Programm war. Wo aber sollte eine Gesellschaft, der Rangunterschiede wenig noch bedeuten durften, ein Modell für die männliche Erscheinung hernehmen?

In einer Kultur, in der sich die Männer weigern, von Frauen angeschaut und beurteilt zu werden, in der sie zudem die öffentliche Rede sich allein vorbehalten, muß nicht nur das weibliche, es muß auch das männliche Aussehen von Männern entworfen werden. Notwendig ist ihr Stilideal, wo es nicht hierarchisch ist, homosexuell. Winckelmann mag als der Schöpfer dieses Bildes gelten. Die Kunst Griechenlands, selbst Produkt einer homosexuellen Kultur, ist in seiner »Geschichte der Kunst des Altertums« nicht allein Anlaß zum Entwurf einer ästhetischen Theorie; sie ist mehr noch das Anschauungsmaterial, an dem er bis ins kleinste das *Bild* des schönen Mannes entfaltet hat. Die berauschten Worte, die Winckelmann zur Beschreibung der antiken Skulptur fand und die Kunstliebhaber zweier Jahrhunderte mitgerissen haben, sind aus der Ekstase eines Liebhabers der Männer geboren. Auf der Schwelle zwischen Jüngling und Mann steht der schönste der Götter, Apoll, ein Krieger, der nicht auf den Rosen der Venus ausruht, der nicht von Frauen erzogen, sondern von Männern ausgebildet ist. »Der höchste Begriff idealischer männlicher Jugend ist sonderlich im Apollo gebildet, in welchem sich die Stärke vollkommener Jahre mit den sanften Formen des schönsten Frühlings der Jugend ver-

44

einigt findet. Diese Formen sind in ihrer jugendlichen Einheit groß und nicht wie an einem in kühlen Schatten gehenden Lieblinge, und welchen die Venus [...] auf Rosen erzogen, sondern einem edlen und zu großen Absichten geborenen Jünglinge gemäß: daher war Apollo der schönste unter den Göttern. Auf dieser Jugend blüht die Gesundheit, und die Stärke meldet sich wie die Morgenröte zu einem schönen Tage.«

Winckelmanns Entzücken über die männliche Schönheit entzündet sich an Steinen, die schon einmal begraben waren. Nur so war es möglich, über männliche Schönheit zu sprechen. Das Kunstobjekt, das aus der Tiefe der Zeiten gehoben war, legitimierte – dem Bürger ein heikles Thema – die homoerotische Bewunderung. Indem er in Winckelmanns Kunstbegeisterung einstimmte, übernahm er ein homoerotisches Männlichkeitsideal, dessen Geltung sich erst in unseren Tagen offenbart. Seither ist die griechische Skulptur das männliche Schönheitsideal schlechthin. Während die weibliche Schönheit aus der Responsion von Körper und Kleid entspringt und damit den epochalen Variationen der Moden unterworfen ist, einmal üppig, einmal schlank, einmal hochgewachsen, dann wieder zierlich und zart gedacht wird, ist das bürgerliche Ideal des Mannes seit Winckelmann unverändert geblieben: Er ist nackt, muskulös, sportlich, jedoch verklärt und gewissermaßen bekleidet durch den auratischen Glanz des Marmors.

Noch heute, wo Mode und Reklame den nackten Mann wieder brauchen, ist sein *styling* am Statuenideal orientiert. Die geölten Leiber, die für die Parfüms von *Davidoff* und *Joop* vor der Weite von Meer und Wüste jeden Muskel spielen lassen, sind nicht aus Fleisch und Blut, sondern aus Bronze. Die negroide Dunkelheit ihrer Haut entrückt die noch immer provozierende Nacktheit für den, dessen Bildungsbewußtsein die historische Reminiszenz an die Statue nicht zur Verfügung steht, in die Exotik eines fernen Kontinents.

Aus den antiken Statuen hat das 20. Jahrhundert, zurück-schreckend vor ihrer erotischen Direktheit, weniger das Ideal der Schönheit als das der Kraft herausgelesen. Sein Körper-gefühl genießt sich im sportlichen Menschen. Jedenfalls mu-tet sich die Moderne bis zum heutigen Tage nicht unverstellt die männliche Schönheit zu; sie muß, wie beim Sport, von Qual verzerrt sein. Die olympische Idee, die am Anfang des Jahrhunderts wiederbelebt wurde, hat die gesamte westliche Welt zum Gesundheitstraining verurteilt. Ihre Karikatur er-fährt die griechische Statue im *bodybuildingman,* von dem auch die Reklamemänner ihr Bild herleiten.

Die Nacktheit der Statue ist zwar das Leitbild für den Entwurf männlicher Schönheit – männliche Nacktheit aber ist nach der Antike bis ins 20. Jahrhundert verdrängt wor-den; kaum ist sie in der Kunst, geschweige denn im Leben möglich. Den einzigen nackten Mann, den das Christentum kannte, hat es ans Kreuz geschlagen. Seither muß jeder Mann bekleidet sein.

Die moderne Entsprechung zum antiken Götterbild der Schönheit ist daher der gutaussehende Mann. Er ist die Sta-tue, die einen Anzug trägt. Gerade als im 20. Jahrhundert die Idee des sportlichen Menschen von der griechischen Sie-gerstatue abgeleitet wurde, haben die Schneider einen männ-lichen Kleidungsstil entwickelt, an dem kein Jabot sich mehr kräuselte und kein Rockschoß ausschweifte und durch deren massive Stoffe kaum mehr die Bewegung von Muskeln und Fleisch zu erahnen ist. Der schöne Mann aus der ersten Hälfte des Jahrhunderts, der bis heute noch die Führungspo-sitionen besetzt hält, stellt, wie der Olympionike auf dem Podest, ein aufrechtes Rechteck dar. Dem Menschen im Her-renanzug auf dem muskulösen Standbein bleibt nur, wie der Statue, zur freien Bewegung ein einziges Spielbein.

Erst der Mode von Männern für Männer gelingt die Erlö-sung aus solcher Erstarrung. Der »Mann ohne Krawatte« z.B. ist das neue Männlichkeits-Idol, das Gianni Versace in

einem Bildband gleichen Titels vorstellt. »Indem er die Guß-
form«, so heißt es im Vorwort, »des bürgerlichen Mannes
zerbricht, entdeckt Versace das Potential des sinnlichen
Mannes.« Die Männer aus allen Altersklassen, die der Cou-
turier bekleidet und entkleidet, sind so verführerisch, so bewegt an Leib und Seele, daß Frauen, die sich noch immer
mit unbewegten Herren abfinden müssen, ihre homosexuellen Konkurrenten nur beneiden können. Aber auch für Versace ist noch immer die »ausgeprägte Triangelform des Tor-
so« das Vorbild für seinen modisch-sinnlichen Mann.
Versace stellt sich vor als der »Kubist [...] unserer Zeit, der
die männliche Silhouette mit breiten Schultern, schmaler
Taille und muskulösen Beinen betont.« Vom Ideal, das der
athenische Gesetzgeber Solon in einem Epigramm über die
Knabenschönheit entworfen hat, ist Versaces Mann nicht
weit entfernt:

Wer in den lockenden Reiz von blühenden Knaben
verliebt ist,
Sehnt sich nach Schenkeln und sehnt sich nach dem
blühenden Mund.

Jenes Geheimnis, das alle Modejournale an Frauen schon
immer inszenierten – daß nämlich ein Gesicht das Begehren
des Körpers, auch wenn er unter noch so viel Stoff verborgen ist, verrät –, zaubert Versace auf seinen Fotos nun auch
ins männliche Antlitz. Selbst der grobe Stoff der Männer-
kleidung gewinnt bei ihm Leben. Es ist kein billiger Witz,
wenn der Designer, dessen Metier das Bürgertum als Schnei-
derei und oberflächliches Kunstgewerbe nur verachtet hat,
unter eines der berühmten Fotos von Picasso, jenes, das den
echten Künstler in Unterwäsche zeigt, seinen Slogan setzt:
»Ein Smoking allein macht noch nicht elegant, selbst eine
Unterhose kann man mit Stil tragen.« In der Tat weiß Versace die Leiber seiner Modelle so im Rhythmus zu bewegen,
daß auch der Mann in Unterhosen nicht weniger reizvoll er-

scheint als die Venus, die mit nichts als einem Schal die Herzen fängt. Freilich finden familiengründende Männer genau dieselbe erotische Akrobatik und denselben Augenaufschlag, von denen sie sich bei einem verstohlenen Blick in die Modezeitschrift ihrer Frauen betören lassen, bei ihren Geschlechtsgenossen affig, sentimental, abstoßend, degoutant, penetrant, geschmacklos, anbiedernd, süßlich, widerlich, aufdringlich, dummdreist, schamlos, frech, gewöhnlich, anstößig, schwül, abgeschmackt, vulgär, kitschig, kurz: pervers.

Versace ist sich, wie alle Homosexuellen, bewußt, daß er die Epoche der spröden Männlichkeit beendet. Der historische Stationenweg, den die Abbildungen seines Buches skizzieren, geht über eine antike Büste auf dem Schmutzblatt zu vielen muskulösen Männerkörpern, die von den Wandfresken der Renaissance abgenommen sind, hin zu Jünglingen, die mit dem in Stücke gegangenen Kreuz Christi vor dem Martyrium des Heiligen Sebastian von Mantegna spöttisch promenieren. Von der Modephotographie Versaces bis zum Tanztheater Kresniks gibt es nur eine Einsicht: Der schöne Mann wird nicht mehr ans Kreuz geschlagen, er bereitet sich seine Schmerzen, wenn schon, selbst und genießt sie als sado-masochistische Lust.

Weiblicher Fetischismus

Über Frauen ist noch immer ein Pornographie-Verbot verhängt. Freilich dürfen sie sich wie Männer auch Literatur und Zeitschriften aneignen, die sie durch eindeutige Signale als sexuelle Wesen ansprechen. Das Objekt des Begehrens aber, das die Frauen sich mit dem Kauf einer pornographischen Zeitschrift aneignen, ist nicht das, was ihnen gesellschaftlich zugedacht wurde, der Mann, sondern eine andere Frau, die ihnen im allgemeinen bestenfalls eine schwesterliche Freundin sein darf. Jede pornographische Zeitschrift macht die Frau zur potentiellen Lesbierin – zumindest setzt sie bisexuelle Neigungen bei ihr voraus. Während die Akrobatik der Sexualität, die die Frauen auf den Fotos in diesen Zeitschriften üben, männliche Betrachter zu einem Genuß verführen, der nur ein hämisches Zubrot ist zu dem, was ihnen sowieso jederzeit zusteht, ja wozu sie geradezu verpflichtet sind und womit sie ein Leistungsideal verbinden, stimulieren die Bilder bei Frauen eine Liebe, die verdrängt werden muß. Sieht man von einigen akademischen Frauengruppen ab, so war es bis vor kurzem noch immer eine Peinlichkeit, von Liebesbeziehungen zwischen Frauen zu sprechen. Die Frauen, deren Sinne von den Bildern erregt waren, konnten keinesfalls wie die heterosexuellen Männer zu dem Lakonismus gelangen, die imaginäre Lust als Beiläufigkeit auf dem Weg in die Wirklichkeit zu betrachten. Das optische oder literarische Ersatzerlebnis führte nur umso unausweichlicher in die Introversion.

Wenn die Spekulation des Zeitschriftenmarktes auf die geheimen Wünsche der Frauen, die an sich erfahren, daß sie eine Frau nie lieben könnten, weil sie sie nie lieben durften, nicht verfehlt ist, so muß bei viel mehr Frauen, als man ahnt, der Tag von einer lesbischen Träumerei durchzogen sein. Nun werden aber, gottlob, all diese Frauen nicht zu lebensuntauglichen Neurotikerinnen, und so bleibt anzunehmen, daß sie den Ersatz mit einem Ersatz kompensieren und ihre sexuellen Phantasien doch wieder ins Leben zurückholen, den pornographischen Reiz also in einer Situation realisieren, die unschuldig ist, weil ihr lesbischer Charakter so recht nicht bewußt wird.

Nichts ist langweiliger für die Mitwelt als zwei ineinander verliebte Menschen, und deshalb tun die Männer nichts eiliger mit Verachtung ab als das Reden der Frauen über Kleider, das an sich nicht geistloser ist als das Reden der Männer über Autos, Fußballspiele oder Berufungslisten. Mit ihrer Geringschätzung aber treffen die Männer die Frauen gerade an jenem Punkt, wo diese ihnen entkommen wollten, da nämlich, wo sie sich einen amourösen Seitensprung aus der Männerwelt in die Frauenliebe erlauben. Mit Worten gehen sie da die Zonen ihres Körpers durch, die Männer sonst mit Händen greifen: das Ohr und den Ohrring, den Hals und den Ausschnitt, die Taille und den Gürtel, die Hüfte und den Rock, die Beine und die Dessous. Von solchen Gesprächen, man belausche Freundinnen am Nachbartisch im Bistro, sind sie wie in einen Sog hineingezogen. Das Reden scheint abgrundtief und endlos zu sein, und entspannt gehen die Partnerinnen daraus hervor wie aus einem römisch-irischen Bad, in dem Liebe ja auch mehr gedacht als gemacht wird.

Frauen sind, die Gesellschaft zwingt sie dazu, Fetischistinnen, ohne es zu ahnen. Sie lieben mehr als sie es wissen, und vor allem lieben sie ihr Objekt in den Versatzstücken seiner Schönheit und tragen gar, introvertiert, wie ihre Liebe sein muß, die Fetische selbst auf dem Leib.

Pornographisch verhalten sie sich dabei freilich nicht, sofern Pornographie die Darbietung und der ungesellige Genuß primärer Geschlechtsmerkmale ist. Die gesellschaftlich akzeptierte Faszination, die Frauen immerhin aufeinander ausüben dürfen, spielt sich im Bereich der sekundären und tertiären Geschlechtsmerkmale ab. Sie reden miteinander über Figur, Bewegung und Gesicht, betrachten aneinander höchstens Busen und Po und denken kaum an mehr. Pornographisch aber ist ihr Verhalten dann doch, indem es sich süchtig auf ein erotisches Bild richtet, das auf jeden Fall unerreichbar bleibt. So gesehen ist jede Promenade für eine Frau eine pornographische Lektüre (jede tatsächlich: denn es *promenieren* nur die, die die Darstellung ihrer selbst und der anderen Frauen auf den Straßen genießen; die übrigen Frauen gehen in die Stadt, um Besorgungen zu machen, und ins Restaurant, um mit ihrem Freund zu Abend zu essen). Auf diesen Promenaden täuschen sich nur junge Mädchen darüber hinweg, daß ihre Garderobe fast ausschließlich die Blicke von Frauen und nicht, wie nach dem Denkmodell des heterosexuellen Umgangs zu erwarten wäre, die der Männer anzieht.

Bei den Männern ist verständlicherweise die Abneigung gegen weibliche Stilisierung häufig und stark ausgeprägt, eben weil sie in diesem Unternehmen den Versuch spüren, ihrem Zugriff auszuweichen. Geputzt bleiben Frauen allemal als Fachleute unter sich. Das müde Kompliment des einen oder anderen Mannes spricht nicht dagegen und auch nicht eine gelegentlich heftigere Bewunderung, da diese im allgemeinen nichts als die Taktik des Eroberers ist, der an der bewunderten Frau den schwächsten Punkt ausgemacht hat, den, wo sie am wenigsten weiß, daß sie sich bereits in eine erotische Stimmung gebracht hat; und freilich wird er siegen. Gleichwohl: Kleider, durch die Frauen sich artikulieren, wollen nicht berührt und schon gar nicht ausgezogen werden. Sie sind Anbetungsstücke einer imaginären Sexualität, die nicht gekannt und nicht in die Wirklichkeit herabgeholt sein will. Die Unnahbarkeit, die alle kultische Schönheit hat, ist für Frauen die Chance zur gegenseitigen Verehrung ohne Verführung. Männer müssen, um an ihr Ziel zu gelangen, diese Schönheit übersehen im doppelten Sinne, denn eine schöne Frau ist ein Sexualsymbol, aber kein Sexualobjekt: Entweder sie beachten sie nicht oder sie zerstören sie. Jede schöne Frau muß als häßliche Frau geheiratet werden.

Die Modezeitschrift ist das Medium, mit dem die Frauen ihre familienfremde Sexualität im Familienkreis zeigen dürfen, weil sie Papier bleibt: Zum Beispiel sitzt der Mann im traulichen Lampenlicht neben seiner Frau, wenn sie eine solche Zeitschrift durchblättert, er flüchtet aber aus dem Zimmer, wenn die Freundin kommt und das Modegespräch beginnt. Modezeitschriften müssen das Kunststück vollbringen, zwischen dem unbekannten Trieb und der wohlbekannten Sitte zu vermitteln. Sie tun es, indem sie eine Serie modischer Neuheiten durch verlockende Balkentitel ankündigen, etwa Abendkleider: »Schwarz, der Traum von süßen Abenden«, oder, schon fast verräterisch, Unterwäsche: »Und Leidenschaft ist entweder euphorisch oder schmerzhaft« –, um dann mit der Beschreibung einzelner Kleidungsstücke in die Sittlichkeit zurückzuführen und durch sachliche Warenbeschreibung und Markenbezeichnung den männlichen Nutznießer der weiblichen Ahnungslosigkeit wieder ins Spiel zu bringen: »Unterkleid aus schwarzem Crêpe-de-chine mit grauweißem Rosendruck von *Fürstenberg*; Halsband: *Balubar*; BH: aus weißem Satin mit blauen Punkten und blauer Spitze von *Triumph*; Ohrclipse: *Alexis Labelle*; Armband: *Swarovski*.« Wer dächte bei so viel männlicher Aufmerksamkeit für den weiblichen Körper an lesbische Liebe?

Mehr die Konkurrenz als der Fortschritt der Aufklärung zwingt die Modezeitschriften zur Publikation von Serien, auf denen die Models statt Stoff und Gesicht Haut und Körper zeigen: Je teurer die Modezeitung, desto deutlicher ist gegenwärtig die Tendenz zur Pornographie. Nicht, daß reiche Frauen lasziver wären als andere, wenngleich tatsächlich sozialhistorisch die Wahrung der guten Sitten immer dem Kleinbürgertum übertragen gewesen war; eher hoffen die teuren Modezeitungen, sich gegen die vielen neuen, jugendlicheren und billigeren Hefte durch die größere Freizügigkeit ihrer Bilder durchsetzen zu können. Gleichwohl finden sie eine Käuferschicht, und so scheint dem lesbischen Bewußtsein in der Tat ein Morgen zu dämmern.

Der harte Mann freilich wird die schmächtigen Frauenkörper mit den zarten Busen als Pornographie gar nicht erkennen. Man könnte sagen: Die Frauen, die sich da enthüllen, bewahren immer noch Haltung, noch immer wagen sie nicht mehr als ein paar kleine kokette Winke, wie sie ihnen auch auf einer Party einem Mann gegenüber erlaubt wären; noch immer wählen sie die Gesten des gesellschaftlichen Comments, nur daß ihnen dabei, wie aus Versehen, das Dekolleté herabgerutscht ist. Ihre sanften Bewegungen erinnern eher an Yoga-Übungen, und selbst die Hingabe ist mehr eine ekstatische Versenkung in die Seele denn in den Körper. Die grotesken Konvulsionen der Nackedeis in den Männerzeitschriften jedenfalls verhalten sich zur lyrischen Gestimmtheit der Mannequins in Frauenzeitschriften wie ein Bauerntanz zur Eurhythmie.

Trotzdem empfindet, wer nicht gar zu hartgesotten ist, den Einzug der Nacktheit in die Kleiderwelt als pornographischen Triumph. Historisch stehen die Frauen mit dieser Veröffentlichung ihrer Sexualität auf dem Stand der Männer am Ende des 19. Jahrhunderts. Auch damals, als die Zeitschriften zum ersten Mal den Genuß des nackten weiblichen Körpers der Ferne eines Kunsterlebnisses entzogen und dem Alltag des Zeitschriftenlesers nahebrachten, sah der Versuch zaghaft aus. Heute lächelt man über diese Männer, diese bescheidenen Wollüstlinge von einst, wie die Männer heute über die zarte Pornographie der Frauen lächeln.

Wenn man die Erweiterung der sexuellen Eigenständigkeit nur als einen Vorteil ansehen kann, so bleibt doch zu fragen, ob er einer bleibt auf einem Gebiet, das immer schon imaginär war und das, da es nie ein eigenes Terrain der Frauen war von ihnen als abstoßend empfunden wurde. Männer konnten über ihren Umgang mit pornographischen Bildern und Texten mit Selbstironie sprechen und ihn abfällig abtun, Frauen hatten öffentlich mit Abscheu darauf zu reagieren. Der Redestil befreite die Männer aus der Abhängigkeit von den eigenen sexuellen Wünschen. Warum sollte dieser Effekt bei Frauen nun nicht auch eintreten? Könnten sie sich dadurch Souveränität und Freiheit zur Beschäftigung mit andern Gegenständen verschaffen, die gesellschaftlich höher geachtet sind als ein Geplänkel über Kleider?

Verdrängte Wünsche tendieren dazu, Dauerbelastungen der Phantasie zu sein. Ihre Veröffentlichung wäre die Chance, mit ihnen schnell fertig zu werden und zum nächsten Gedanken oder Geschäft überzugehen. Nur der kann mit einem tyrannischen Trieb glücklich werden, der ihn schnöde behandelt. Die Frauen haben ihn schamhaft gehätschelt und mußten sich daher dauernd um ihn kümmern. Die Männer gönnen ihm ein ironisches Bonmot zwischen den Geschäften. Endlich könnten Frauen dahinkommen, Jean Paul Lügen zu strafen, der, seinerzeit zu Recht, behauptete: »Solange eine Weib liebt, liebt es in einem fort – ein Mann hat dazwischen zu tun.«

Was die Männer dazwischen tun, hat freilich auch für sie einen homosexuellen Reiz. Wie sonst könnten Literaturblätter entstehen mit 62 männlichen und 4 weiblichen Beiträgern (von denen eine noch dazu über die Geschichte der Frau zu schreiben hat), einem männlichen Animationsfoto mitten drin und einer Hexe auf der Rückseite des Blattes? Die homosexuelle Energie, die hinter den meisten geschäftlichen Arrangements steht, kann so unbewußt nicht sein, denn sie ist eine zur Manipulation gewordene Taktik und wird von Lobbies dirigiert. Männer verwandeln ihr Vergnügen aneinander in ein sinnvolles Geschäft um Einfluß und Gewinn; sie müssen, um ihre ökonomische Potenz richtig einzuschätzen, wissen, woraus sich diese speist. Frauen hingegen trennt der berufliche Erfolg, der sie in die Sphäre des Mannes einsperrt, von ihren Freundinnen und verurteilt sie im Dunstkreis der männlichen Freundschaften zur Askese.

Auch Frauen also werden aus der chronischen Klage über ihr Unglück erst herauskommen, wenn sie ihre Homosexualität nicht mehr verdrängen, sondern sie in geschäftliche Beziehungen übersetzen. Erst wenn sie selbst die Frauen ausgezogen haben, können sie mit angezogenen lustvoll umgehen und Bücher schreiben, in denen sie nicht nur ihre eigene jammervolle Geschichte – zum wievielten Mal schon –, sondern auch die der Männer begreifen.

Das alltägliche Fest

Fest ist heute überall. Dies mag der Seufzer eines morosen Bürgers sein, dem es zuviel wird mit den Straßenfesten, Weindörfern, Fischmärkten und überhaupt den Festbanketten, die an Holztischen vor jeder Imbißbude stattfinden und durch die sich hindurchzuschlängeln für den, der es eilig hat, nicht wenig Ärger bereitet. Der Seufzer reagiert aber nur auf die gröbsten und offensichtlichsten Auswirkungen der Zerstückelung einer traditionellen Festkultur, durch die unser gesamter Alltag mit Resten von Festen nur so übersät ist.

Feste und Feiern setzen Sinnschnitte im Leben des normalen Menschen, bei denen die fünf Sinne, die daran schuld sind, daß das Leben Spaß macht, zu ihrem Recht kommen. Auge, Ohr, Geruch, Geschmack, Gefühl werden durch kostbare Gewänder und Dinge, durch Musik, Weihrauch, feine Speisen, berauschende Getränke, durch Tanz und Ekstase in einen ästhetischen Taumel versetzt. Während der Arbeitstag einen großen Teil der menschlichen Anlagen brachliegen läßt, darf beim Fest der ganze Mensch gegenwärtig sein. Die sinnliche Präsenz, die ihm gewährt ist, macht das Fest zur Utopie.

Ob man nun den Gang der Geschichte optimistisch oder pessimistisch beurteilt – es gehört auf jeden Fall zu den Tendenzen der europäischen Kultur, daß sie auf die Einlösung utopischer Entwürfe zielt. Beim Fest, jener bei allen Völkern vorhandenen »spontanen« Utopie, scheint ihr im Unterschied zu vielen anderen, abstrakt entworfenen Utopien, die Verwirklichung gelungen zu sein: Die westliche Welt hat in ihrem Bereich die Zeichen der Festlichkeit über Tag und Nacht verteilt, Fest ist überall und jederzeit.

Blumen etwa, die beim kirchlichen Fest den Altar schmückten, stehen heute auf jedem Wohnzimmertisch, in jedem Flur. Es nimmt sich für den Touristen wie eine Selbstverständlichkeit aus, daß ihn beim Schlendern durch altdeutsche Kleinstädte Rabatten und Blumengirlanden vor den Häusern entzücken, ja daß ihn selbst die winzigen Fensterluken in den Fachwerkhäusern über Blumenkästen hinweg freundlich ansehen. Noch vor ein paar Jahrzehnten waren diese Häuser wie seit alters in armseliger Sachlichkeit ungeschmückt dagestanden und hatten keine Aufmerksamkeit auf sich gezogen. Im Vergleich mit niederländischen Stilleben, die eine *nature morte* nur zu besonderem Anlaß und wie einen Trauerflor auf dem Altar aufgebahrt zeigen, weisen die von Grün überbordenden Aquarelle Friedrich Schinkels von den pflanzengeschmückten Wohnräumen der preußischen Königin darauf hin, daß die Ausstattung alltäglicher Lebensräume mit Blumen ein später Erfolg der Gärtnerei ist, in dessen Genuß, wie immer, zunächst nur die Oberschicht kam. Erst im 19. Jahrhundert ziehen Blumen und Pflanzenkübel als einstmalige Schmuckstücke des Festes in jedermanns Alltag ein und gedeihen heutzutage sogar auf Büro- und Garagenfenstern.

Einen wesentlichen Teil des Festes hat bereits das 18. Jahrhundert mit dem Theater als allabendlichem Vergnügen ins bürgerliche Leben integriert. Der Weg der Säkularisation ist oft genug beschrieben worden, von den Dionysien, den neuntägigen Theaterfesten in Athen und vom mittelalterlichen Osterspiel, wo symbolische Figuren eine überirdische Ordnung in allegorischen Szenen vergegenwärtigten, bis zu den Hoffesten, den Bänkelsängern und schließlich dem Nationaltheater, das, den Hof beerbend, das Schauspiel zur täglich verfügbaren Festlichkeit machte. Wagner und Hofmannsthal versuchten zwar, dem Theater als Amüsierbetrieb wieder zu entkommen, indem sie ihm künstlich den kultischen Rahmen zurückgaben. Da aber viele Städte diese Geste nachgeahmt haben, ist paradoxerweise nun sogar das einmalige Festspiel zum alltäglichen Kult geworden.

Vom allabendlichen Theatervergnügen zum immerwährenden Fernsehkonsum ist der Schritt technisch weit, habituell und psychologisch aber naheliegend. Schließlich ist die Banalisierung des Festes in jedem Fall ein Akt seiner Demokratisierung und der populäre Genuß seine Konsequenz. Am Anfang des Jahrhunderts hat die »Freie Bühne« den unteren Schichten mit dem Theater einen lustvollen Weg in die Bildung eröffnet. Die Studentenbewegung wollte nicht nur das Theater, sondern auch sein Publikum revolutionieren, indem sie dem ernsten Kunstanhänger die standesgemäße Festkleidung untersagte, und so haben beide Bewegungen dazu beigetragen, den Festgenuß im Arbeitsanzug zu legitimieren. Mittlerweile kann jedermann im Trainingsanzug und im Lehnsessel an einem Abend gleich mehrere Premieren auf einmal miterleben. Ganz vergessen ist die Erinnerung an die kultische und staatspolitische Tradition des Festes dennoch nicht, denn die Vorliebe des Fernsehpublikums wendet sich noch immer den öffentlichen Auftritten der Fürsten bei ihren Heirats-, Tauf- und Sterbesakramenten zu.

Ein ganzes Register kleiner Köstlichkeiten ließe sich aufzählen, die durch die Zerstückelung des Festes zur Erheiterung unseres Lebens bereitstehen. Vom frühen Morgen bis in die späte Nacht begleitet den Menschen Musik, die einst für Feierlichkeiten reserviert war, weil sie eine himmlische Sprache war und die Götter zum Fest lud. Jedes Kaufhaus, jedes Café, jedes Restaurant, jede Imbißbude bietet dem Kunden die Chance einer akustischen Ekstase – ganz zu schweigen von dem Ohrenrausch, in den sich Jugendliche durch die Phonstärken der Musik in ihren Autos, in den

Diskotheken versetzen. Das Fest dient der Steigerung vitaler Energien. Der Übertritt in einen anderen, den heiligen Zustand, gelang und gelingt nur durch die Überbietung aller normalen Reize. Die Betäubung der Sinnesorgane, ihre Ausschaltung bis zur Leere der Euphorie, ist Ziel aller feierlichen Reizüberflutung. Am wenigsten gehört zum Fest die Stille: Mit dem Lärmschlagen ist im Zeitalter der Technik, die nie geräuschlos ist, einer der exzessivsten Akte der Entsakralisierung gelungen; sie setzt damit den sakralen Ausnahmezustand in einen profanen Dauerzustand um.

Wenn einst Weihrauch, Myrrhe und Räucherstäbchen die Nähe des zum Fest bereiten Tempels ankündigten, so ist heute das Parfüm eine Einladung zur plötzlichen Entführung der Sinne in eine zweite Welt, in ein Paradies unverhoffter erotischer Ausschweifung. Eine Unzahl von Düften macht den Büroalltag und selbst den Betriebsausflug zum Fest. Sauberkeit – wofür die Kosmetik sorgt –, Neuheit und Glanz – wofür die Mode sorgt – sind elementare Beiträge des einzelnen zur feierlichen Atmosphäre. Waschungen waren in frühen Kulturen allein schon wegen des Wassermangels Zeremonien, die nur bei besonderen Anlässen, bei großen Gastmählern oder hohen Gottesdiensten, veranstaltet wurden. Petronius' »Satyricon« beschreibt, wenngleich in satirischer Absicht, ein solches Reinigungszeremoniell vor einem Festessen: »Endlich lagerten wir uns denn zu Tische und alexandrinische Buben gossen uns Schnee in die Hände, andere wuschen unsere Füße damit und reinigten mit außerordentlicher Behutsamkeit die Nägel.« Schnee aus dem Gebirge muß in der Tat nicht mehr herangeschleppt werden für die tägliche Dusche und das morgendliche oder abendliche Bad.

Die Mode bietet das Glückgefühl einer ewigen Erneuerung und Metamorphose, wie sie einst im Fest durch Gebet, Kontemplation, Reinigung, Ekstase und kultisches Spiel zu erreichen war. Mit dem Kauf eines Kleides in jeder Saison macht die weibliche Welt ihren Kleiderschrank zur Garderobe aus lauter Feststaat. Der saisonale Kauf folgt der jahreszeitlichen Ordnung alter Feste, die vor allem im Frühling die Auferstehung der Natur feierten; im neuen Gewand fühlt sich nun auch die Käuferin wie neugeboren. Mit jedem überflüssigen T-Shirt, das im Vorbeigehen mitgenommen wurde, erhascht sie ein Gefühl der Reinkarnation.

Lack, Messing, Marmor – Materialien, die mit Hilfe von Schutz- und Reinigungsmitteln bei uns mehr glänzen als in der Weltgeschichte je zuvor – blenden in Läden und Bistros den Kunden, wie einst das Festgepränge aus goldenem und silbernem Altargerät, Kerzen, heiligen Leuchtern, Fackeln den Gläubigen erleuchtet haben. Nichts ist heutzutage dem nach glänzenden Effekten bedürftigen Auge zu grell. Die Lichter auf dem Schmuck der Frauen, der nur fürs Fest getragen wurde, überbietet der Straß-Schmuck mit einem Brillantgewicht, das einer Kaiserin anstünde. Auch das Auto gewinnt für seinen Besitzer durch den Hochglanz des Blechs scheinbar die Eleganz einer Staatskarosse.

Die Aufzählung ließe sich fortsetzen, denn unter dem Festzelt, das der westliche Himmel ist, enden die Feierstunden nie: Man tanzt wann und wo man will; der Schaufensterbummel wiederholt den Genuß der stehenden Bilder, die sonst als allegorische Darstellungen zum Fest gehörten; man lustwandelt auf Alleen wie auf Festpromenaden, nimmt am Fest-Turnier, d. h. am Fernseh-Sport teil, hält Festbankett jeden Tag an allen Ecken der Stadt, und meist mit Tafelmusik. Während sonst beim Fest Gewürze aus fremden Ländern den heimischen Speisen als Luxus hinzugefügt wurden, beweist sich heute jeder seine imaginäre Teilhabe an den Verlockungen ganzer Erdteile, wenn er aus allen Küchen der Welt nascht. Immer ist siebenter Schöpfungstag. Die einmalige, erschütternde Ekstase des Festes ist explodiert, und der Mensch rotiert in lauter kleinen Ekstasen durch den Tag.

In Hegels »Vorlesung über die Philosophie der Religion«

ist die Feier der Götter jene Feier, die der Mensch sich selber hält: »Der Mensch schmückt sich selbst; Gepränge, Kleidung, Schmuck, Tanz, Gesang, Kampf, alles gehört dazu, den Göttern Ehre zu bezeigen. Der Mensch zeigt seine geistige und körperliche Geschicklichkeit, seine Reichtümer, er stellt sich selbst in der Ehre Gottes dar und genießt damit diese Erscheinung Gottes an dem Individuum selbst. Dies gehört noch jetzt zu den Festen.« Hegels aufklärende Analyse reagiert bereits auf die Verweltlichung des Festes; ursprünglich aber diente das Fest der Selbstdarstellung eines Kollektivs, eines Clans, eines Stammes, einer Stadt, eines Staates. Die Mitglieder dieser Einheit, die die Arbeit durch spezialisierte Tätigkeiten getrennt hat, haben sich im regelmäßigen Rhythmus der Feste, der dem Lauf der Gestirne gehorchte, wieder zur Gemeinschaft verbunden. Die gegenwärtige Ubiquität des Festes löst die kosmische und kollektive Bindung des einzelnen auf, ja sie widerstreitet ihr geradezu. Der Reiz der heutigen Festgenüsse liegt gerade in ihrer Verfügbarkeit zu jeder Zeit an jedem Ort; Freiheit von zeitlichen und sozialen Verpflichtungen ist nötig, um am allgegenwärtigen Fest teilnehmen zu können. Das Allround-Fest ist das Fest der Singles. Selbst die kleinste Parzelle des Kollektivs, die Familie, ist noch abhängig von gemeinsamen Absprachen über die Gestaltung des Tagesverlaufs und über festliegende Rhythmen von Arbeit und Freizeit. Nur der Single kann sich ad hoc entschließen, im Nobelrestaurant den Herrn zu spielen, seinen Morgen als Pascha mit extensiven Duft- und Badeorgien zu beginnen und als Nachtschwärmer in den Diskotheken kultische Ekstasen zu erleben.

Der Single ist der Aristokrat im bürgerlichen Zeitalter. Er tritt das Erbe der höfischen Festkultur an. Den Traum der Allverfügbarkeit irdischer Güter und die Realisierung der Utopie eines Schlaraffenlandes hatten die Fürsten für sich in Zeiten der Armut vorweggenommen, ehe das Bürgertum die ökonomischen Bedingungen dafür schuf, den Luxus zu demokratisieren. Der Hof war eine Insel der Festlichkeit; dort, so resümiert Richard Alewyn, ist »jeder Raum Festraum und alle Zeit Festzeit. Das höfische Leben ist totales Fest. In ihm gibt es nichts als das Fest, außer ihm keinen Alltag und keine Arbeit, nichts als die leere Zeit und die lange Weile.« Mittlerweile ist es der berufstätige Eigenbrötler, der in seiner Freizeit wie ein Fürst über das Imperium seiner Wünsche gebietet. Doch feiert die Elite der Singles ihre Feste ohne Etikette. Sie bringt damit einen letzten revolutionären Übergriff des Bürgertums zu seinem Ende. Dieses hatte mit der Architektur der großstädtischen Wohnpaläste, den Festsälen der Grandhotels, den Parks und Englischen Gärten, dem Wagenkorso auf Alleen und Promenaden die aristokratische Zurschaustellung des Glücks kopiert. Die Singles leben zwar nicht mehr ganz so herrschaftlich wie die Oberschicht des 19. Jahrhunderts, sie kommen dafür aber häufiger in den Genuß fürstlicher Gefühle. Im Restaurant serviert ihnen eine geliehene Dienerschaft, auch wenn sie, eine Prominenz ohne Würde, an einer Festtafel ohne Rangordnung zu sitzen kommen; ihren Festtag verlegen sie am liebsten in die Nacht, weil sie mit Zeit, Schlaf, Lebensenergie, Licht, Wärme nicht zu sparen brauchen; vor dem Fernsehapparat haben sie ihre private Theaterloge, in die sie, da sie nun einmal Aristokraten und keine Bildungsbürger sind, ihre Freunde einladen und mit ihnen schwatzen können; ihr Auto chauffieren sie zwar selbst und fühlen sich doch gefürstet, denn sie haben – und das mag nicht der letzte Grund für die Beliebtheit dieses Geräts als *das* Statussymbol des Mannes sein – wenigstens *etwas* zum Kutschieren und müssen nicht zu Fuß gehen wie Diener und Dienerinnen; alljährlich unternehmen sie eine Kavalierstour und lassen sich die Mädchen als Gastgeschenke ins Bett legen.

Selbst die gegenwärtige Schlamperei der Kleidung war einmal fürstliche Nonchalance. Der Herr durfte schon immer nachlässiger sein als der Diener. Das heutige Grandhotel hält die aristokratische Hierarchie der männlichen Schönheit, deren Gradmesser die Geringschätzung ist, noch ganz und gar ein: Der Gepäckträger am Portal mit seiner goldbetreßten Uniform ist schöner als der Empfangschef im schwarzen Anzug und dieser schöner als der gelegentlich herumstehende Hoteldirektor in grauen Nadelstreifen und dieser schöner als der Gast in Jeans und Turnschuhen. Schönheit ist keine Eigenschaft, sondern ein Attribut des Mannes: Nicht er selbst hat schön zu sein, sondern die Dinge, die ihm gehören; sein Rang ist umso höher, je schönere Dinge und Menschen um ihn herum sind, und so tut es ihm, dem Bürger, wohl, wenn seine schlampige Erscheinung durch den pittoresken Aufzug des Sevicepersonals nobilitiert wird.

Einlösungen von Utopien, so rudimentär sie auch gelingen mögen, sind stets Annäherungen an die Gedankenlosigkeit und daher Provokationen der Moral. Mit dem sozialen und rituellen Kontext der Feste geht ihr Sinn verloren, der das Leben des Einzelnen dem Kosmos, der Religion, der Macht unterwarf. Wenn überhaupt noch eine Erinnerung an einen Sinnentwurf erwartet wird, so hat ihn der zu verbürgen, der das Fest veranstaltet. Wesentlich für den einzelnen ist aber nur seine eigene Existenz – und diese beginnt mit der Geburt. Die selbstvergessene Eitelkeit feiert sich daher am liebsten an ihrem Geburtstag. Die Jahreszahl ist so unsymbolisch und konvertibel, d.h. in beliebige Symbole übersetzbar, wie Geld. Eine Gesellschaft, in der das Konto über die Festdichte im Leben entscheidet, kann außerdem nur noch den Terminkalender für die Gelegenheiten dazu verantwortlich machen. Den Festkalender, den alle im Kopf hatten, ersetzt der Taschenkalender, in den die Geburtstage von Familienangehörigen und Freunden einzutragen sind. Der symbolischen Leere dieser Feste entspricht der obligate amerikanische Geburtstagssong, der nur sagt, was ist, nämlich wieder einmal Geburtstag.

Die Entrüstung, die der Bundeskanzler mit seiner Bemerkung vom »kollektiven Freizeitpark« hervorrief, beweist nur ihre Richtigkeit. Allerdings ist sie so intoniert, als gäbe es bei der Dauerfeierlichkeit nur Verluste und nicht auch Gewinne zu verbuchen. Kohl ist christlicher Moralist nicht anders als Richard Alewyn, der in der höfischen Kurzweil die ganze Leere des aristokratischen Lebens aufscheinen sah. In der Tat ist ein unsymbolischer, materieller Genuß charakteristisch für beide Festkulturen. Was beim Adel Luxus genannt wird, ist für den Bürger Konsum. Jener ist die unbezahlte, dieser die bezahlte Art und Weise einer freien Verfügung über das Vergnügen. Gerade aber durch die Bezahlung nähert sich die gegenwärtige Lustbarkeit, so sinnlos sie sein mag, noch einmal der Anstrengung an, die in archaischen Kulturen charakteristisch für Planung und Ablauf des Festes war. Der Vorwurf des Moralisten richtet sich nicht allein gegen die Gedankenlosigkeit, sondern vor allem gegen die Leichtigkeit, mit der der Genuß zu haben ist. »Feste erfordern manchmal einen ungeheuren Kräfteaufwand, und es scheint, daß man zu besonders großen Festen mehrere Jahre lang die Kräfte gesammelt hat.« (Karl Kerényi) Es scheint aber nur so, als könne sich die gegenwärtige Gesellschaft dem Leichtsinn hingeben, weil die Vorbereitungen zum Fest und das Festereignis selbst nicht mehr aufeinander bezogen sind. Vorbereitungen dazu sind delegierbar und können gekauft werden. Die Arbeit aber, die es braucht, Geld zu beschaffen, um sich das Fest, und sei es das kleinste, die tägliche Dusche oder das neueste Kleid der Saison, zubereiten zu lassen, ist eine jeden Morgen neu einsetzende Mühe, die den früheren, jahrelangen Festvorbereitungen entspricht. Nur die erbliche Aristokratie mußte für den Luxus nichts leisten. Konsumenten hingegen sind Aristokraten, die für ihr Vergnügen arbeiten müssen.

Deshalb ist es nur scheinbar paradox, das bürgerliche Dauerfest als Folge des Puritanismus zu beschreiben. Luther schließlich ist, wie jeder Pragmatiker, ein Feind des Festes: »Daß man alle Fest abtäte und allein den Sonntag behielt«, gemahnt er in seiner Schrift »An den christlichen Adel deutscher Nation«. »Wollt man aber je Unser Frauen und der großen Heiligen Fest halten, daß sie all auf den Sonntag wurden verlegt oder nur des Morgens zu Meß gehalten, darnach ließ den ganzen Tag Werkeltag sein.« Luther, der, ganz modern, den Rhythmus des Festkalenders opferte und nichts als einen immer gleichen feierlichen Sonntagmorgen gelten ließ, konnte nicht ahnen, daß der Monotonie des »Werkeltags« das Geldverdienen und diesem der Reichtum und diesem der Konsum folgen würde: Die Vertreibung der gläubigen Christen aus dem Paradies der Feste öffnete ihnen die Tore des »Freizeitparks«. Der Puritanismus ist die Voraussetzung für das Sybaritentum.

Die Verbote des Puritanismus richteten sich vor allem gegen die Feste des Volkes. Auf den Straßen fanden zweierlei Feste statt, das Staatsfest und der Karneval, die Michail Bachtin komplementär aufeinander bezogen sieht: Als Demonstration gegen die repräsentative Selbstdarstellung der Macht feiert das Volk, indem es die Zeremonien der Staatsfeste parodierte, das »Gegenfest« als Karneval. Die kirchlichen Prozessionen und fürstlichen Umzüge, die dem Raum eine Richtung und dem Festpublikum eine Orientierung auf das Zentrum der Macht hin gaben, lösten sich in wilde Tumulte auf. Statt der Zurschaustellung der oberen Schichten, die den Körper in schöne Kleider und symbolische Kostüme hüllten, zeigte sich der Volkskörper in seiner Häßlichkeit, seiner Abhängigkeit von Geburt und Tod. Die Übertreibung, die zu jedem Fest gehört, die Lust an exotischen Kostümen, Federbüschen, Fellen, wunderbaren Tieren, wurde bei den Volksfesten zur Ausschweifung, zur Groteske, zum Exzeß.

Gegen das Fest als Schamlosigkeit, gegen den »Mißbrauch mit Saufen, Spielen, Mußiggang und allerlei Sund« hatte sich Luther in seiner Rede gewandt. Die strebsamen

Bürger sahen in solchen Verboten die Chance zur Disziplinierung der Massen, die freilich stets einen Ausweg für sich fanden. Im 16. Jahrhundert etwa wurden in England volkstümliche Feste verboten, dafür richteten sich die Untertanen die *Ale-Houses* ein. Das Volk läßt sich seine Stadt nicht rauben, es überzog London mit lauter Pubs; das französische Volk feierte den Sieg der Revolution in den Cafés von Paris und beschäftigte die Hofköche für sich als Restaurantbesitzer. Wenngleich nun die Bürger in der Öffentlichkeit dinierten, so doch hinter verschlossenen Türen. Die Schamlosigkeit des Essens auf der Straße gehört noch immer zum »Gegenfest« des Volkes, das die guten Sitten der feinen Leute brüskiert. Wenn diese heute beim Daueressen auf den Straßen der Innenstädte mitmachen, so heißt das nur, daß sie sich auf seine Seite geschlagen haben. Die Straße ist zum Ort eines ewigen Gegenfestes geworden. Ein Oben und Unten gibt es nicht, wo alle bei den zahlreichen Sommerfesten der Stadtviertel oder auch sonst Tag für Tag vor den Gaststätten der Innenstadt zusammensitzen oder jeder an jeder Ecke eine kleine Saturnalie für sich allein bei Sekt, Döner oder Crêpe feiern kann.

Die symbolische Figur, die sich über die Vergänglichkeit des Lebens im Sinnenrausch hinwegtäuscht, der Narr, fehlt auch bei diesem letzten Karneval nicht. An jeder Ecke verkündet sein moderner Abkömmling, der Penner, dem lustigen Menschen das »Sic transit gloria mundi«.

Duftkultur

Ein Stadtstreicher vor dem Haupteingang des Breuninger-Kaufhauses in Stuttgart spielt mit ebensolcher Bewußtheit seinen Part im Drama der Gerüche, das die Entwicklung der abendländischen Zivilisation begleitet, wie die Kundinnen, die sich durch die Düfte in die gleich dahinter liegende Parfümerie locken lassen. Dort hat die feine Welt das Gegenstück zu dem fahlgesichtigen, rothaarigen Luderjan inthronisiert: die Nike von Samothrake. Vergoldet vom Scheitel bis zur Sohle, schwingt sie, überirdisch und aseptisch, ihre strahlenden Flügel um eine schwarze Säule im Mittelpunkt einer Rotunde, die die himmlischsten Wohlgerüche umschweben. Die Göttin, die einst auf dem marmornen Bug eines Schiffes die Griechen zum Kampf ermahnen sollte, fährt endlich über diesem Duftmeer ihrem ersten Sieg entgegen, der von Dauer ist: dem über den Gestank. Der gefallene Engel draußen vorm Portal ist ihr Widerpart, dem mit seinem Angriff auf die Nasen der Passanten nur noch ein momentaner Erfolg gegönnt ist. Der Prozeß der Zivilisation, den das Abendland unerbittlich wie keine andere Kultur durchficht, ist im Falle des Geruchs eindeutig zugunsten der Düfte entschieden worden.

Zugelassen in dieser Kultur ist heutzutage nur noch, wer an sich, in seinem Haus, vor seiner Tür, an seinem Eigentum alle natürlichen Gerüche getilgt hat. Nicht zufällig erfreut sich eine desodorierte Leserschaft seit Jahren an Patrick Süskinds Roman »Das Parfüm«, der die Revolution des Geruchssinns und die Herrschaft des Duftes über den Gestank beschreibt. Ekel ist heutzutage zum ästhetischen Lustgefühl geworden, und so fängt Süskind seine Leser auf der ersten Seite schon mit den Gerüchen aus einer Welt, vor der es den Großstädter der geruchlosen Asphaltkultur nur ekeln kann:

»Zu der Zeit, von der wir reden, herrschte in den Städten ein für uns moderne Menschen kaum vorstellbarer Gestank. Es stanken die Straßen nach Mist, es stanken die Hinterhöfe nach Urin, es stanken die Treppenhäuser nach fauligem Holz und nach Rattendreck, die Küchen nach verdorbenem Kohl und Hammelfett; die ungelüfteten Stuben stanken nach muffigem Staub, die Schlafzimmer nach fettigen Laken, nach feuchten Federbetten und nach dem stechend süßen Duft der Nachttöpfe. Aus den Kaminen stank der Schwefel, aus den Gerbereien stanken die ätzenden Laugen, aus den Schlachthöfen stank das geronnene Blut.«

Heute hingegen ist nur der angenehme Geruch akzeptiert, der also, den ein Mensch aus freien Stücken seiner Atmosphäre hinzufügen und den er ebenso leicht wieder beseitigen kann. Kurz: Geruch ist ein animalisches Körpersignal, das der Mensch auf jeden Fall zu beherrschen hat, und Duft nennt man nur, was er seiner Person hinzutut, nicht was von ihr ausgeht. Solche Selbstdisziplin hat der Zivilisationshistoriker Alain Corbin als selbstverschuldete Unterwerfung unter eine private Diktatur interpretiert. Die Geschichte der Vertreibung übler Dünste aus dem Alltagsleben, die er in seinem Buch »Pesthauch und Blütenduft« beschreibt, mündet schließlich in eine narzistische Zwangskultur: »Der Geruchssinn gibt umfassende Auskunft über den großen Traum der Desinfektion und die neuen Formen der Intoleranz; besser als alle anderen Sinne informiert er über die unerbittliche Rückkehr der Exkremente, das Epos der Kloaken, die Heiligung der Frau und die Symbolik des Pflanzenreichs. Er ermöglicht eine neue Betrachtungsweise jener großen Ereignisse der zeitgenössischen Geschichte, die ihren Ausdruck im Aufstieg des Narzißmus, dem Rückzug in den Privatbereich und der Ächtung der Promiskuität finden.«

Corbin hat viele Leser gefunden, wenige aber werden seine Meinung teilen. Das Buch wird ihnen als die Geschichte eines finsteren Mittelalters gegolten haben, das gottlob überstanden ist. Gerüche, und seien es die von Knoblauch und Camembert, erzeugen, da sie nicht mehr aufgezwungen, sondern erwünscht und zugelassen sind, nichts als Wohlbehagen. Den Geruch des Knoblauchs, einst verabscheuter Mief aus der Armeleuteküche, nennt man heute Knoblauchduft, denn er ist das Statussymbol des Erfolgreichen, der sich einen teuren Lunch beim noblen Stehitaliener leisten kann. Time is money, und Duft ist Geld, denn immer muß man für ihn bezahlen. Glücklich ist, wer Duft hat und also Geld. Die Welt ist für ihn die Welt der Düfte. Nach der Beschreibung des Parfüms »Duende« von *Nobilis* muß er nur einmal tief einatmen, um teilzuhaben am Air eines exotischen Landes und am Flair der zeitgenössischen Avantgarde:

»Spanien – ein Land, das die Assoziation von Sonne und Entspannung mit sich bringt. Aber nicht nur die mediterrane Ausstrahlung, sondern auch die Kunst und Kultur sowie die stolze Mentalität des Spaniers strahlen eine ganz besondere Faszination aus. Madrid ist zu einer europäischen Modehochburg geworden. [...] Ein Botschafter dieses neuen selbstbewußten und aufgeschlossenen Spaniens ist der bekannte spanische Designer Jesus del Pozo, der den Flacon geschaffen hat. Seit Jahren verbindet man seinen Namen mit der spanischen Avantgarde.«

Die Namen der Parfüms ergeben die Wunschliste einer sybaritischen Gesellschaft, die bei all ihrer Vergnügungssucht nur froh sein kann, daß es nur eines Atemzugs bedarf, um in der fernsten Stadt, in der heroischen Natur, bei der schönsten Frau zu sein oder gar sich in eine Kriminalgeschichte verwickelt zu fühlen.

Roma, Dakkar, Manhattan, Beverly Hills, Terra Bella, Tuscany, Tiffany, Safari, Lagune, Dune, Champagne, Printemps, Chant d'Arome, Vol de nuit, Ivoir, Diva, Diamonds, Angel, Sabatini, Jazz, Poison, Le secret de Sphinx, Obsession, Il Bacio, Escape.

Der kosmopolitische Günstling des Schicksals muß in allen Zungen sprechen, um die Formel, das Sesam-öffne-Dich, zu finden, mit dem sich die Tore zum schöneren Dasein auftun. Der duftende Mensch ist auch der gebildete Mensch. Das Hochgefühl des Erfolgs, das sich mit dem Geruchserlebnis verbindet, hat in der Tat vergessen lassen, daß nicht verführerische Parfüms und ätherische Öle es sind, die unseren duftbewußten Lebensstil bestimmen. Jede Duftmarke hat eine sogenannte »Linie« von Produkten: Reinigungsmilch, Seifen, Badeöle, Deodorants, Shampoos, Gesichtswasser, Pre- und After-Shaves, die erst einmal reine Luft schaffen, ehe der Daseinsrausch im Duft beginnen kann.

Röche man an all diesen Reinigungsmitteln nichts als die pure Chemie, die gegen die Gerüche des Lebens ins Feld geführt wird, es würde keiner, der mit Puder, Gel, Stift und Spray sich selbst zu Leibe rückt, die Aggression übersehen, die er sich zufügt. Die Duftkompositionen aber, die all diesen Mitteln der Hygiene beigegeben sind, lassen die Reinigungspflicht wie einen Reinigungskult genießen. So mag in früheren Zeiten der Duft des Weihwassers dem Kirchgang und der Weihrauch dem faden Geschmack der Hostie die Aura der Ekstase gegeben haben.

Christian Kracht, Berichterstatter über neueste Trends, beschreibt, wie sich bei der jugendlichen Schickeria der tabuisierte Genuß des Eigengeruchs durch die Überlagerung mit einem künstlichen hygienischen Duft legitimiert und in ein Lustgefühl verwandelt:

»Mir läuft ein kleiner angenehmer Schauer den Rücken hinunter, der gleiche Schauer übrigens, den ich auf öffentlichen Pissoirs bekomme, wenn ich auf die Duftwürfel pisse und dann den süßlichen Geruch der Duftwürfel, gemischt mit dem etwas schärferen Geruch des Urins, einatme. Er beginnt irgendwo in der Wirbelsäule hinten und saust dann hoch und endet bei den Ohren, und dann muß ich mich immer so wohlig schütteln.«

Es braucht nichts als eine gute Nase, um aus der Notdurft ein kleines Fest zu machen. Aber nicht nur die verwöhnte Jugend der Bundesrepublik hat es gelernt, mit Gerüchen so virtuos umzugehen, wie das Erzähler-Ich hier. Eine Studie des Industrieverbandes für Körperpflege und Waschmittel kommt zu dem Ergebnis, daß 93 % der Bundesbürger eine positive Einstellung zur Körperpflege haben. Sie geben pro Jahr etwa 500 Mio. DM für Deodorantien aus, für jene Mittel also, die den Geruch beseitigen, 565 Mio. aber für duftende Badezusätze und 900 Mio. für Parfüms, die so lustvoll wie nutzlos sind. Während in Deutschland für die Körperpflege 1960 noch pro Kopf und Jahr 25 DM ausgegeben wurden, waren es 1987 bereits 160 DM – mehr als das Sechsfache also. Der ökonomische Aufstieg dieses Landes zeigt sich nicht nur in der Zunahme des Kohlendioxyd- und Benzol-Ausstoßes, sondern ebenso in der Verdichtung der Duftwolken, die über dieser Gesellschaft schweben.

Der Zusammenhang von Duft und Geld mag es gewesen sein, der eine der großen Neuerungen auf dem Markt der Düfte zustande gebracht hat: das Männerparfüm. 1959 brachte die Firma *Givenchy* mit *Monsieur* den ersten Herrenduft heraus, aber erst in den sechziger Jahren machte *Dior* mit dem *Eau Sauvage* die neue Duftkultur akzeptabel. Mittlerweile wird die männliche Kundschaft von der Geruchsindustrie ebenso umworben wie die weibliche. Hier hat die Wirtschaft eine Marktlücke entdeckt. Ohne die Veränderung des Männlichkeitsideals im gesellschaftlichen Bewußtsein jedoch hätte sich der Markt so schnell nicht, wie es geschehen ist, erschließen lassen. Der erfolgreiche Mann ist nicht mehr nur der verbissene Arbeiter vom Aufstehen bis

zum Zubettgehen. Der Ehre seines Namens kann er, Angestellter, der er fast immer und selbst noch mit dem höchsten
Einkommen ist, wenig hinzufügen. Sein privater Luxus allein ist der Lohn, der ihm ganz gehört, nur so verspürt er ihn
an Leib und Seele. Der wahre Genuß des Gewinns beginnt
erst im Badezimmer, wo man sich den Schweiß der Arbeit
abwäscht.

Dort findet, nicht immer, aber oft, die Feier in Gesellschaft einer Frau statt. Die Nase rangiert in der Hierarchie
der Sinnesorgane im Abendland seit je auf dem untersten
Platz, ein Grund auch, warum man die Sterilisierung des
Körpers mit solcher Vehemenz betreibt. Dennoch wird der
Sieg über die animalischen Ausdünstungen in einem Ge-
ruchsfest gefeiert, dessen Zentrum die Frauen sind. Wo immer der Geruchssinn eine positive Wertung erhält, wird er
dem Weiblichen zugeordnet. Deshalb konnte bislang, sieht
man einmal vom effeminierten Höfling ab, der Mann höchstens riechen, nicht aber duften. Frauen hingegen sind nicht
fertig, wenn sie nicht duften; so wirbt *Tuscany* mit dem Slogan: »Ein elegantes Kleid allein macht noch keine Garderobe – runden Sie Ihre Duftgarderobe deshalb ab mit der
Körperpflege von *Tuscany per Donna*.«

In der parfümierten Seife, mit der also der Mann in seinem Badezimmer die Last des Tages von sich abtut, ist die
abendländische Topologie des Männlichen und Weiblichen
gewissermaßen gegenständlich geworden. Sie verbindet Reinigung mit Lust, Arbeit und Erfolg mit der Feier des Sieges.
Frauen, Blumen und Düfte sind in allen Kulturen die Ornamente des Festes. Selten wird man daher, so viele Herrendüf-
te mittlerweile auch feilgeboten werden, in Gesellschaft einen Mann riechen. Sein Dufterlebnis findet noch immer im
Verborgenen statt. Eine Kommunikation über den Geruchssinn, der immer ans Unbewußte und Animalische rührt, ist
in der Öffentlichkeit selbst heute noch allein der Frau überlassen. Frauen genießen Düfte nur, um sich selbst, ob sie es

wissen und wollen oder nicht, zum duftenden Objekt zu machen. In die kultivierte Geselligkeit, in der alle mit allen sich in Heiterkeit vereinen sollten, schleicht sich mit ihrem Parfüm eine unanständige Zweisamkeit ein. Einen kostbaren Atemzug lang lockt die Frau den Mann von den anderen weg und bindet ihn an sich.

Feucht und orgiastisch, als verführte Verführerin, pflegen deshalb auch die Duftbeschreibungen die Frau vorzustellen. Das Meer, dem Venus entstieg, ruft die Charakterisierung einer neuen Edition von *Dior, Dune,* in Erinnerung: »Ein Duft, der Elemente verbindet, die Natur offenbart und das ewig Weibliche symbolisiert. Die Weite des Ozeans wird spürbar. Die Haut duftet betörend wie ein Strauß schon immer vertrauter und geliebter Blumen, die eine zarte Meeresbrise streichelt.«

In welche Traumzeit auch immer die Namen der Parfüms die Trägerin entführen, immer wird mit ihrem Stolz gerechnet, Objekt der Begierde zu sein: kein *Vol de nuit* ohne den geflügelten Amor an der Seite, kein *Chant d'Arôme*« ohne die Melodie des Liebesgeflüsters, kein Abenteuer in *Manhattan* ohne den Chauffeur eines Straßenkreuzers, und was wäre *Roma* ohne Apoll. Die Metaphorik, die das Miteinander der Partner darstellt, mündet nicht selten in unfreiwillige Komik, wenn etwa, wie bei *Tuscany,* die Frau die Kirchenkuppel ist, der Mann aber durch das phallische Zeichen des Turms symbolisiert wird: »Die Toskana, das harmonische Miteinander von Gestern und Heute. So wie Florenz und sein Dom, wie Pisa und sein ›Schiefer Turm‹, so sind auch *Tuscany per Donna* und *Tuscany per Uomo* miteinander verbunden.«

Neueste Geruchseditionen folgen dem Trend und versuchen, die emanzipierte, selbständige Frau anzusprechen. Doch zeigt eine Reaktion der amerikanischen Öffentlichkeit, daß ihr eigentlicher Geruchscharakter allemal erotisch ist und bleibt. Im Gegenzug zum feministischen Vorwurf des *sexual harassment* nämlich stellen die Männer die Forderung auf, daß in Büros Parfüms verboten sein sollen, da sie ihrerseits den Mann erotisch belästigen. Dem Übergriff der orgiastischen Duft- und Festkultur auf das Arbeitsleben, der freilich ganz im Interesse der Kosmetikindustrie liegt, versuchen die Männer, seit Jahrtausenden trainiert in der sauberen Trennung von Arbeit und Lust, entgegenzuwirken.

Die Duftmittelindustrie jedoch muß ein ökonomisches Interesse daran haben, daß sich auch der Mann vom erotischen Subjekt zum erotischen Objekt wandelt. In seinem Badezimmer und Duftbad hat er sich eine kleine Hexenküche installiert, aus der er verjüngt und liebeshungrig hervorgeht. Er hat sich, wie das beim Zaubern so ist, durch ein paar poetische Formeln zum Erwerb eines neu auf den Markt gebrachten Duftes gewinnen lassen, ohne zu ahnen, mit welch raffiniertem Kalkül die Ingredienzien gemischt sind, um aus ihm einen Tristan zu machen.

Meist weiß der Kunde, so wenig übrigens wie die Kundin, daß ein Duft sich in drei Phasen entfaltet, die der Fachmann »Kopfnote«, »Herznote« und »Basisnote« nennt. Jeder Kunde erwirbt also drei verschiedene Düfte in einem. Die »Kopfnote« sticht sogleich in die Nase, man entscheidet im allgemeinen irrigerweise den Kauf nach diesem oberflächlichen Eindruck; die »Basisnote« haftet einige Zeit auf Haut und Haaren und ist das, was andere am Duftträger wahrnehmen. Die »Kopfnote« ist die Begrüßung, die der verjüngte Mann der Welt zu bieten hat. Sie ist so freundlich, wie Begrüßungen nun einmal sind und setzt sogleich zum Eingang ein zartes geschlechtsspezifisches Signal. Beim Eau von *Issey Miyake pour homme* sieht das Entrée folgendermaßen aus: »Die Kopfnote ist komponiert aus Zypresse, Koriander, Mandarine, Salbei, frischem Eisenkraut, Zedratbaum. Sie ist geprägt vom dominanten Duft der Frucht des japanischen Zedratbaumes und ist prickelnd frisch. Eine belebende, natürliche, leicht holzige Frische, in die sich subtile, aromatische Akzente mischen.«

Nachdem die würzigen Aromate eine Geistesfrische angekündigt haben, wie sie einem Mann ansteht, gilt es, sein Herz in der »Herznote« entsprechend positiv zu präsentieren: »Die Herznote besteht aus Safran, blauer Seerose, Muskatnuß, Bourbon-Geranien und ceylonesischem Zimt. Sie enthüllt den aquatischen Duft blauer Seerosen, eine Impression von unvergleichbarer Transparenz und Klarheit. Nach und nach erreicht die Frische eine warmherzige Note mit vielen Facetten: sie ist würzig, subtil, leidenschaftlich und delikat zugleich.«

Warmherzigkeit und Leidenschaftlichkeit sind Vorzüge, die der Mann im »delikaten« Umgang mit Frauen vor allem sollte vorweisen können. Gelingt ihm das, so entfaltet sich die Begrüßung durch Gerüche schnell zum erotischen *tête à tête*, um endlich durch das, was dezent die »Basisnote« genannt wird, in ein leidenschaftliches Abenteuer zu münden. Die wichtigste Duftkomponente der mit Leidenschaftlichkeit geschwängerten Atmosphäre ist das Moschus, das seit dem 19. Jahrhundert wegen seiner penetranten Sinnlichkeit aus dem Repertoire der Parfüms verdrängt wurde. »Die ›Basisnote‹ besteht aus Moschus, indischem Sandelholz, Ambra, Tabak, Vetiver aus Haiti, chinesischem Zypriol und ist geprägt von tiefer, milder Frische, ruhiger Energie, Erinnerungen an den Wohlgeruch feuchter Humuserde, geheimnisvoller Vibration und dem markanten Duft von Ambra, Moschus und Hölzern.«

Die platonische Gliederung des Menschen in Kopf-, Brust- und Bauchseele kehrt in der »Kopf-, Herz- und Basisnote« der Duftwässer wieder. Der Benutzer stellt sich der Nase seines Partners zunächst als geistiges, nach einiger Zeit als emotionales und bei fortgeschrittener Bekanntschaft als erotisches Wesen vor.

Mit dem Outing des erotischen Mannes zerstört die Kosmetikindustrie ein uranfängliches Tabu der abendländischen Kultur. Aufklärung findet heute ohnehin nicht mehr durch gute Lehren, sondern durch Reklame und im Interesse der Ökonomie statt. So präsentiert denn auch die Parfümreklame neuerdings den Mann vor aller Öffentlichkeit in einer nie dagewesenen Haltung: liegend nämlich. Bislang warben Männer für Produkte immer stehend oder sitzend, und gern hatte der Mann auf der Reklame etwas unter sich: ein Auto, ein Pferd, einen Fels. Er ist Pionier, der für die neue Ware kämpft. Das Parfüm von *Davidoff* jedoch zeigt ihn träumend hingesunken am Meeresstrand. Die göttliche Ausstrahlung seines Brustkorbs, kräftig, geölt, apollinisch strahlend, bewahrt immerhin diesen Wollüstling vor der Verachtung der Frauen, die ihr schwaches Geschlecht nur zu gut in solcher Stellung kennen.

Den vagen Sehnsüchten, die die Düfte streifen, ist der Mann nun ausgesetzt wie die Frau schon immer. Nichts ist unfaßlicher als dieses Erlebnis. Die Atmosphäre kann zwar duftgeschwängert sein, duftgesättigt aber ist nie einer, der sich darin aufhält. Wie der Vogel im Käfig, so muß der Duft im Flacon eingefangen werden, um seiner überhaupt habhaft werden zu können, und auch dann hat er nur Flügel und keinen Leib. Sobald sich das Gefängnis öffnet, ist auch schon ein Teil von ihm entkommen, bis nur das leere Kleid eines lebenspendenden Traums zurückbleibt. Die abertausend Parfüms, die den Markt überschwemmen, haben abertausend Gestalten. Mit den Miniaturausgaben der Flacons, die neuerdings von vielen Marken zu haben sind, richtet sich die Sammelleidenschaft ein Sargmuseum entwischter Hoffnungen ein.

Auch diese zierlichen Monumente einer verdufteten Quintessenz des Lebens haben in den letzten Jahren einen bedeutenden Stilwandel erfahren. Bis ins letztvergangene Jahrzehnt gab es drei Warengattungen, deren Ornamentik die Erinnerung an den Stil des Rokoko bewahrte: Torten, weibliche Unterwäsche und Parfümflaschen. Mit dem Zierat aus Blumen, Schnörkeln, Rüschen kostete das Zeitalter einer funktionalen Architektur und Produktgestaltung die Erinnerung an die verspielte Grazie eines aristokratischen Lebensgefühls aus. Bei der Gestaltung der Flacons hat inzwischen aber doch das Jahrhundert gesiegt, und damit hat sich, anders als beim Konsum der Düfte, ein männlicher Stil gegen den uralten, floralen Formenschatz einer weiblichen Symbolik durchgesetzt. Assoziationen an die Architektur bestimmen nun das Design der elegantesten Flacons.

Pierre Dinand, neben Serge Mansau der bedeutendste Designer der Parfümindustrie, war Architekt und sieht in seiner jetzigen Tätigkeit keinen Bruch zu seiner früheren: »Die Flasche eines kostbaren Parfüms zu entwerfen, heißt für mich, ein kleines Haus bauen.«

In der Tat ist die bauchige, taillierte Flasche von einst, die, wie etwa bei *Shalimar,* an die menschliche Figur, an Reifrock und hohe Tournure, oder gar, wie bei *Le secret de Sphinx,* an eine ägyptische Sphinx erinnerte, durch die architektonisch streng gebaute Flasche ersetzt worden. Das rosa Glas von *Roma* etwa soll die Farbe, die Kanellierung der Flasche die Form einer Säule nachahmen. Serge Mansau hat mit *Scherrer 2* einen Wolkenkratzer in Manhattan, am ehesten wohl das Chrysler-Building, kopieren wollen, wie überhaupt das Art-Deco nach der Latenzphase eines neuen Barockstils in den Nachkriegsjahren das Flaschen-Design heute am deutlichsten prägt. Aber auch mit anderen, jedenfalls klaren, sportlichen Linien hoffen die Designer, die moderne Frau zu gewinnen. Seit 1982 etwa unterstützt *Lancôme* das Golfturnier von Saint-Nom-la-Bretèche und hat dafür *Trophée,* ein *Eau de Toilette pour le sport,* kreiert. Der kugelige, weißgenoppte Stöpsel soll ein Golfball sein.

Die Diffamierung natürlicher Gerüche ging mit einer Verkümmerung des Vokabulars für diese Sinneswahrnehmung einher. Name und Flasche des Parfüms haben daher die Dürftigkeit wettzumachen, die die Sprache des Duftes charakterisiert. Beide müssen kleine Geschichten anbieten, an die die Imagination des Benutzers anknüpfen kann. Den assoziationenreichen Namen steht dabei das Flaschendesign nicht nach. So hat M.C. Wittgenstein, der Flasche und Verpackung für *Poison* entwarf, seiner Kreation gleich zwei Lesarten mit auf den Weg gegeben. Entweder soll der kugelige Flacon den Apfel des Paradieses vorstellen, der aller Menschen Leben vergiftet hat, oder aber den vergifteten Apfel im Märchens, der die Prinzessin in tiefen Schlaf versenkte, bis ein Prinz sie erlöst. Robert Granai hat sich für die geschwungene Riefelung der Flasche von *Derby* angeblich durch den Flug des Adlers inspirieren lassen. *4711* wählte seinerzeit das Atomium der Brüsseler Weltausstellung als Modell für eine Flasche.

Den Parfüms mit all ihren Derivaten, den Seifen, Stiften und Sprays, ist eine gefährliche Konkurrenz erstanden in den ätherischen Ölen. Ihr Vorteil liegt im besseren Verhältnis ihrer Werbesprache zur Rhetorik. Das Angebot der Parfüms kommt von der altmodischen Metaphorik der Liebe nicht los, die Geschichten, die die Titel der Flacons erzählen, wecken Träume, die für unerfahrene Herzen taugen. Dieser abgestandenen Poesie hat die Sprache, mit der die duftenden Öle angeboten werden, scheinbar seriöse Fachauskünfte entgegenzusetzen. Ätherische Öle werben nicht mit den verführerischen Eigenschaften der Düfte, sondern mit ihrer Heilkraft. Die Argumente der Aromatherapie reichen in Sphären, die älter sind als alle Dichtung, in die Religion und vorwissenschaftliche Medizin, wenn sie nicht überhaupt in die nächste Gegenwart führen, in die politische Moral. Die Aromatherapie beruft sich auf eine jahrtausendealte, bis zu den Hochkulturen hinabreichende Erfahrung: »Sandelholz zählt zu den aromatischen Hölzern, die schon vor Jahrtausenden sehr begehrte Handelsgüter waren. Die Ägypter holten sich das kostbare Holz schon 1700 Jahre vor Christus mit Kamelen aus Indien, um daraus Schmuck, wertvolle Utensilien und Räucherwerk zu

78

fertigen.« (Axel Meyer: Das kleine Lexikon der Düfte. 1991. S. 122)

Exakte medizinische Beschreibungen des Riechvorgangs, der Beschaffenheit der Nasenschleimhaut, der Zahl der Riechzellen und Flimmerhärchen wecken Vertrauen und leiten die Beschreibung der psychischen Wirkungen der Öle nur ein. Parfüms reizen die Sinne, Öle beruhigen die Seele, Parfüms aktivieren, Öle machen kontemplativ. Die Heilkräfte darzustellen, bedarf es daher mehr als nur ein paar aufreizender Worte. Das Feld der Medizin verlassen die Bücher, die über die Öle Auskunft geben, aber schnell wieder, um die Therapie in einen schicksalhaften Zusammenhang zu stellen. Duft-Kalender etwa schließen die Aromate von Zypresse, Bergamotte, Jasmin, Rosmarin, Lavendel, Limette, Neroli insgeheim an die Astrologie an. Die Düfte werden da bestimmten Monaten zugeordnet und haben Charaktereigenschaften wie der Mensch, der sich seiner Sternbildkonstellation entsprechend einem Duft zuordnen kann. Ähnlich wie bei den Tierkreisen gibt es harmonierende oder einander störende Duftnoten. Die Zeder wird als Duft des Monats Januar ausgegeben, der sich in einem »Kalender der Düfte« selbst anpreist: »Der starke, intensive Duft meines Holzes verleiht Dir Kraft, den Herausforderungen des Alltags mit Souveränität zu begegnen. Die Zeder harmoniert gut mit Bergamotte, Jasmin, Rosmarin und Zypresse.«

Der Zusammenhang von Geruch, Charakter und Schicksal, den die Aromatherapie herstellt, schöpft aus uraltem Wissen, das nicht schriftlich, sondern mündlich als Geheim- und Volkswissen von Generation zu Generation weitergegeben worden ist. Die Autoren der Bücher sind Medizinmänner, die, wie Robert B. Tisserand betont, aus eigener, langer Erfahrung die Wirkungen der Öle kennen. »Dies ist ein persönliches Buch. Ich habe kaum einmal gezögert, meine Meinung niederzuschreiben.«

Im Unterschied zum Parfüm, das die Trägerin in der

Hoffnung auf ein abenteuerliches Erlebnis mit sich alleine läßt, steht der Benutzerin der Öle ein vertrauter Berater zur Seite. Seine naturmedizinischen Erfahrungen machen ihn zum Guru, dessen Worte beschwörende Kraft haben: »Die Aromatherapie verwendet nicht die ganze Pflanze, sondern den *Geist* der Pflanze, die feinstoffliche Essenz. [...] Ätherische Öle enthalten die gebündelte Lebenskraft der ganzen Pflanze. Sie wirken unmittelbar auf das Gehirn und beeinflussen darüber eine Vielzahl von psychischen, emotionalen und physischen Steuerungsmechanismen, von denen wir gesteuert werden, ohne uns dessen bewußt zu sein. [...] In einer Welt, die aus dem natürlichen Gleichgewicht geraten ist, könnten die duftenden Pflanzenessenzen dazu beitragen, daß wir die Natur und unsere nächste Umgebung wieder bewußt wahrnehmen.«

In einem Ritual, in dem ein falscher Handgriff schon einmal zu einem kleinen Verhängnis führen kann, werden nach den Unterweisungen des Lehrers Mischungen hergestellt, Fläschchen und Lämpchen gefüllt und aufgestellt. Das Zeremoniell unterscheidet sich vom plumpen Kaufakt in der Parfümerie, wo nach wenigen Minuten schon eine fertige Geruchsmischung eingepackt, gezahlt und mit nach Hause genommen worden ist.

Die Kette der *Body Shops*, von denen es mittlerweilen in 43 Ländern etwa 1200 gibt, hat die Kultur der ätherischen Öle populär gemacht. Die Einrichtung der Läden, die Süßigkeit fruchtiger Düfte, die grüne Frische der Auslagen, Spiegel, Flaschen, die die Einfachheit des Chemielabors bewahren, erzeugen eine Atmosphäre himmlischer Heiterkeit. Vor allem aber hat *The Body Shop* den Märchen, die die Parfüms umgeben, und den Legenden, die Apotheken über heilende Öle berichten, die politische Moral hinzugefügt. Durch den Slogan »Hilfe durch Handel« beruhigen die *Body Shops* eine verwöhnte Zivilisation über den verantwortungslosen Genuß, dem sie sich mit dem Gebrauch der

Öle hingibt. Ein Faltblatt klärt die Kunden über die Absicht des Unternehmens auf:

»Zur Beschaffung dieser Rohinhaltsstoffe konzipieren wir immer mehr *Trade-Not-Aid*-Projekte zur Hilfe durch Handel. Einige der ärmsten Gemeinschaften der Welt können sich somit ihre wirtschaftliche Unabhängigkeit sichern. *The Body Shop* lehnt Tierversuche in der Kosmetikindustrie ab. Wir stützen uns statt dessen auf die neuesten wissenschaftlichen Methoden und führen eingehende Untersuchungen mit freiwilligen Testpersonen durch. Wir versuchen, auch die Umwelt zu schonen. Unsere Behälter können in den *The Body Shop*-Läden entweder nachgefüllt oder wiederverwertet werden.«

Damit ist *political correctness* auch in die Geruchskultur eingezogen. Wer *The Body Shop* betritt, begibt sich wahrlich in den Geruch der Heiligkeit. Der Traum von einer exotischen Welt, zu dem Düfte immer animieren wollen, legitimiert sich nun als schwärmerisches Engagement für die Dritte Welt. Ein Produkt aus *The Body Shop* wäscht nicht nur den Leib, sondern auch die Seele rein. Indianern, Negern, Indios hat man mit der Reinigung geholfen und außerdem auch noch zur Verbesserung der eigenen Umwelt beigetragen: »Auf Einladung der Kayapo-Indianer aus dem östlichen Amazonas-Becken nahm *The Body Shop* Beziehungen zu ihnen auf. Diese Verbindung mündete in ein Projekt, das nach Ansicht der Indianer derzeit die einzige ökologisch tragbare Alternative zur Bedrohung des Regenwaldes durch Kahlschlag und Bergbau ist. Die Kayapo stellen aus den Nüssen, die sie im Regenwald sammeln, Paranußöl her. Wir verarbeiten das Öl in unserer Paranuß-Pflegespülung.«

Die Sprache von *The Body Shop* verleugnet den Genuß zugunsten der Heilkraft, die Reinigung zugunsten der Läuterung, die Körperkultur zugunsten der Ideologie. Zunächst einmal war Geruchlosigkeit die Leistung der abendländischen Zivilisation. Nun wird auch der angenehme Geruch noch zur politischen Leistung stilisiert. Die Sinnlichkeit des Geruchs-Festivals, das in jedem Kaufhof stattfindet, ist der Prüderie gewichen.

Glaubt man nun aber der Wissenschaft, so ist aller Sermon, mit dem Düfte angeboten werden, sei er nun lust- oder salbungsvoll, überflüssig, denn wir mögen uns waschen, so viel wir wollen, die »Duftsignale aus dem Erbgut« lassen sich nie beseitigen. Vor kurzem (1.3.1995) klärte die FAZ ihre Leser auf: »Alle Menschen erzeugen mit den Ausdünstungen ihrer Drüsen einen unverwechselbaren Eigengeruch, der auch durch individuelle Nahrungs- und Hygienegewohnheiten nicht völlig überdeckt wird. Neue Befunde bestärken nun die Vermutung, daß das zwischenmenschliche Flair zu einem beträchtlichen Teil mit dieser chemischen Ausstrahlung zusammenhängt.«

Die Selektion der Geschlechtspartner, so stellten Wissenschaftler über Tests fest, geschieht vor allem nach genetischen Mustern auf dem Chromosom 6:

»Dabei zeigte sich, daß Angehörige des gleichen Geschlechtes eher als wohlriechend bezeichnet wurden, wenn ihr Geruchsmuster dem eigenen ähnelte. Bei Personen des anderen Geschlechts verhielt es sich hingegen umgekehrt. Die Vorliebe für unähnliche Gene erscheint sinnvoll, weil sie helfen kann, Inzucht zu vermeiden.«

Die wissenschaftliche Beobachtung gibt Anlaß zu allerlei Gedankenspielen: Wenn der Individualgeruch von Düften überdeckt werden kann, gelingt es dann dem Wolf im Schafsgeruch, sich ein Mädchen zu fangen, das ihn von ihrem genetischen Geruchsmuster her gar nicht mögen kann? Oder profitieren die Scheidungsrichter von der Tatsache, daß der Individualgeruch von Parfüms und Ölen überdeckt wird, so daß sich die falschen Paare heiraten? Auf jeden Fall erweist sich die uralte Topologie der Sinnesorgane als zuverlässig: Der Geruchssinn ist die animalischste und damit die untrüglichste aller Sinneswahrnehmungen. Nelkensträußchen auf dem Toilettentisch und Designer-Düfte auf der Haut helfen einem kultivierten Paar nichts, wenn es die Chromosomen nicht wollen.

Schickeria, das »Alter Ego« des Intellektuellen

Wer Intellektuellen zuhört, Akademikern also, die außer ihrer fachlichen Kenntnis auch noch eine Meinung über das politische und gesellschaftliche Leben haben, begegnet in ihrer Rede oft der Schickeria und sucht sie doch im Leben vergebens.

Die Schickeria ist der Schatten, der dem Intellektuellen zu folgen scheint und den er auf jeden Fall loswerden möchte. Das kann ihm aber nicht gelingen, denn die Schickeria ist durchaus nicht das, was er vorgibt, daß sie es sei: eine soziale Schicht – vielmehr ist sie das Alter Ego des Intellektuellen. Nur wer selbst schick ist, spricht von der Schickeria, und da der Intellektuelle, von dem wir sprechen, heute fünfzig bis sechzig Jahre alt, arriviert, Rechtsanwalt, Museumsdirektor, Professor, Verleger ist, hat er die Mittel, schick zu sein, und die Verpflichtung, viel über schicke Leute, über die Schickeria, zu schimpfen. Das Reden von der Schickeria indiziert so etwas wie die Midlife-crisis des Geistes. Schick zu sein, bedroht den Geist wie das Alter das Leben selbst.

Die Definition von Schickeria gelangt zu einem dürftigen Ergebnis. Zwei Begriffe reichen hin, um das Phantom zu fassen. Die Schickeria hat eine lokale und eine ästhetische Bestimmung: Sie existiert ausschließlich in Restaurants und Kneipen, und sie hat ein lustvolles Verhältnis zum kultivierten Leben. In einzelnen Individuen dagegen tritt sie nicht in Erscheinung. Freilich gibt es schicke Leute. Aber die schicke

Frau etwa, die möglicherweise das Auge des Passanten erfreut, ist durchaus nicht schon Mitglied dieser Schickeria. Erst wenn sie mit einem Mann, der es sich leisten kann, in einem teuren Restaurant sitzt, wird sie zum Indiz dessen, was der Intellektuelle an der Schickeria verachtet, ja sie ist dann geradezu ihr Inbegriff. Denn die Schickeria ist der Schein des Schönen in der farblosen Wirklichkeit, und den zu repräsentieren hat seit Jahrtausenden die Kultur den Frauen aufgetragen.

Mit seinen Obsessionen verrät sich der Mensch am schmählichsten: Wer eine solch heftige Verachtung gegen schicke Restaurantbesucher hegt wie der Intellektuelle, ist selber einer und möchte es doch nicht wahrhaben. Wenn er in die Kneipe geht oder ins Restaurant, dann soll auch dieses Unternehmen kein banales Abendvergnügen sein, sondern ein intellektueller Akt. Von den eitlen und fröhlichen Essern um ihn herum hat er sich tunlichst zu unterscheiden. Mit der Schickeria verdammt er jedoch nicht den einen oder anderen netten Menschen, der am Nebentisch sitzt, sondern die Lust am Leben, die in ihm selbst nistet. Der Kampf gegen die Schickeria ist eine Donquichotterie des Intellektuellen; er ficht gegen selbsterfundene und daher ihm so ganz und gar zugehörige Eigenschaften. »Im ›Aubergine‹, da ist die ganze doofe Münchner Schickeria«, befand, als es das Restaurant noch gab, einer, der deshalb lieber ins »Tantris« ging. Er setzt damit jenen feinen Unterschied, den nur der begreifen kann, der ihn sich einbildet. An der Herabwürdigung der Schickeria – sei es der im »Aubergine« oder im »Tantris«, sei es bei Schumann's oder in Kay's Bistro, jedenfalls irgendwo in München oder Hamburg, denn in Stuttgart, Bonn und Hagen vermutet keiner die Schickeria – leidet das Sprachniveau, zu dem sich der Intellektuelle sonst verpflichtet fühlt. Der saloppe Ton, den er sich als ästhetische Note immerhin erlaubt, sinkt, sobald er die Schikkeria im Munde führt, unversehens ab in pubertäres Maulen und kindisches Stammeln. Die Kosenamen aus der Kinderstube, mit denen er die erdachte Gruppe von Andersartigen belegt, Schickimicki oder Schischi, können, auf Gleichaltrige und Gleichgestellte angewandt, keinesfalls liebevoll gemeint sein. Sie unterstellen dem Erwachsenen einen unerwachsenen Verstand. Auch der Kollektivbegriff Schickeria selbst ist abwertend. Er wird zum ersten Mal, und zwar mit derselben Emphase wie heute, um die Jahrhundertwende gebraucht, in einer Zeit also, da die Reisen der Bohemiens nach dem Süden einsetzten und die Intellektuellen sich in Capri und Ascona trafen. Der Begriff ist Symptom der Abwanderung der Intellektuellen aus der Gesellschaft, der sie entstammen und die, zurückgeblieben, nun mit einer abschätzigen, fremdländischen Wortbildung bedacht wird: Die italienische Endung -eria entspricht der deutschen, stets abwertenden -erei, also *porcheria* oder Schweinerei, Schickeria oder Vornehmtuerei. (Ursprünglich war die Tätigkeit gemeint; sie wurde im Laufe des Wortgebrauchs erst fälschlicherweise zur Bezeichnung einer Personengruppe.)

Der Begriff verweist also auf einen falschen Anspruch. Die Auseinandersetzung mit dem fingierten Eindringling ist eine Stilfrage, denn Stilfragen sind dem Intellektuellen wesentlich. Stil ist äußere Erscheinung als freie Entscheidung. Kleidung, Sprache, Geste legen sonst den Bürger fest auf die Schicht, in der er lebt. Allein der Intellektuelle verstört dieses klare soziale Tableau, indem er in fremde Kostüme steigt. Er macht sich schön wie kaum einer, und liefe er auch herum wie ein Lump. Transzendiert er, wie er es sich zugute halten darf, durch Erkenntnis seine soziale Herkunft und Abhängigkeit, so ist sein Stil die Attitüde, in der die Klassenlosigkeit seines Geistes in Erscheinung tritt.

Da der Intellektuelle mit Hilfe von Vernunft und Verstand über die soziale Wirklichkeit hinausgelangt, darf er den Geist für absolut setzen und ihn für körperlos halten. Nichts ist dem Intellektuellen peinlicher, als daran erinnert zu werden, daß der Gedanke eine Erscheinung hat und daß er selbst daran arbeitet, sie hervorzubringen. Von der Stilisierung, die er betreibt, will der Intellektuelle nichts wissen, und so erfindet er sich die Schickeria, um in ihr sein eigenes Stilbewußtsein attackieren zu können. Daher entfährt ihm das Urteil »gestylt« über diesen oder jenen Gegenstand mit ebendemselben Abscheu wie das Verdikt Schickeria über diese oder jene Gruppe von Menschen. Gestylt sind die Dinge, mit denen diese sich umgeben; es sind Gegenstände in halb-künstlerischer Gestaltung, die so wenig einen sozialen Ort bezeichnen für ihren Besitzer, wie die Meinungen des Intellektuellen einer bestimmten Berufsgruppe entsprechen. Aus der sozialen Ortlosigkeit, in die der Intellektuelle durch seine geistige und habituelle Stilisierung gerät, erklären sich auch seine Lieblingsplätze: Seit je sind es die Cafés und Kneipen, die Durchgangsstätten vieler sozialer Schichten, Orte also, an denen man gar nicht zu wissen braucht, wohin man gehört. Nicht zufällig lokalisiert er hier dann auch seine Projektion, die Schickeria.

Bis hierher mag es so scheinen, als sei das Reden von der Schickeria der reine Selbsthaß des Intellektuellen. Die Gleichartigkeit weniger Züge aber ist nur die Folie, derer es bedarf, um zu Abgrenzung, Unterscheidung und Selbstdefinition zu gelangen. Eine Nuance macht schon den Akzent, der das Double zum ganz Anderen werden läßt. Stilbewußtsein hat die Schickeria zwar, aber sie hat keinen Geist. Stil, auch den intellektuellen, imitiert sie bloß in seinen äußeren Zeichen. Sie bestimmt sich von diesen Zeichen her und findet erst über sie Bedeutungen, während der Intellektuelle über Bedeutungen verfügt und deren Zeichen übersieht. Die Schickeria, die in der Kneipe stört, kommt gerade aus dem Theater und zeigt doch nur ihr Kleid. Sie macht den Raum auf der Vernissage eng und will doch nur einen Schmuck für die Wohnzimmerwand kaufen. Schein und Sein, die durch lange ästhetische Erziehung im Intellektuellen zusammengebracht worden sind, treten bei der Schickeria wieder auseinander. Der Intellektuelle erhebt sich über sie durch den sittlichen Ernst, mit dem er die Kunst betrachtet und die Kultur pflegt. Als genießender Asket bleibt er ganz dem Bildungsbegriff des 18. Jahrhunderts verpflichtet, für den das Vergnügen am schönen Schein nur als Einblick in tiefe Wahrheit gerechtfertigt war. Noch als Kneipenbesucher also spielt der Intellektuelle sich als Pietist auf und verachtet alle, die ihm in der Kunstfrömmigkeit nicht gleichkommen.

Gegner der Intelligenz war das Establishment, das inzwischen ganz vergessen ist und von dem nur noch die Schickeria als buntes Abbild blieb. In ihr hat sich das Establishment verjüngt und verschönt. Schon das Establishment war ja keine marxistisch faßbare Klasse mehr gewesen wie die Bourgeoisie, die das Proletariat ausbeutete. Vielmehr war das Establishment die Vätergeneration, gegen deren veraltete moralische und politische Vorstellungen die Studenten einen neuen Lebensstil durchsetzten. Der Begriff Establishment faßte immerhin noch ein politisches Phänomen: Er meinte die Erscheinung, den Stil, die Moral und Denkweise der »Bourgeoisie«. Die jüngeren Vertreter der ehemaligen Linken hingegen sind keine Klasse und auch als einzelne keine politischen Subjekte mehr. Wenn überhaupt ihre Realität auszumachen wäre, dann nur in hie und da auftretenden jungen Leuten, die Geld machen und ausgeben: in den sogenannten »Yuppies«. Diese Bezeichnung ist nichts weniger als ein Klassenbegriff. Wie Punk und Popper meint sie nicht einmal einen Lebensstil, sondern nur eine Stilgeste, die zufällig, experimentell und schnell vergänglich ist. Komplementär zum Begriff des Yuppies ist der der »Dinkies« gebildet worden. Die Abkürzung bedeutet: *Double income no kids* und meint die gutsituierten Paare ohne Kinder. Sind die Yuppies die Aufsteiger, so die Dinkies die Arrivierten, und beide haben denselben Stil. In der Tat scheint das Reden von der Schickeria dem männlichen Teil kinderloser Paare vorbehalten zu sein. Ein Familienvater hat schließlich an Taschengeld und Pausenbrote, nicht an die Nouvelle cuisine, die sein Nachbar genießt, zu denken, an Schulzeugnisse, nicht an die Qualität von Theateraufführungen. Der luxurierende Stil ist es allerdings gerade nicht, an den die linken Intellektuellen hierzulande erinnert werden wollen. Die ökonomische Gleichheit wird ihnen irrelevant vor der ästhetischen Ungleichheit, die gemeinsame Leichtigkeit des Seins vor dem Ernst beziehungsweise Unernst, mit dem sich die einen, sie selbst nämlich, oder die anderen, die Schickeria, dem Schein zuwenden. Der Intellektuelle hat seine politische und ökonomische Perspektive so ganz verloren und beharrt nun allein auf der ästhetischen Selbstauslegung, die ihm freilich seit je mehr als die politische entsprach.

Brot und Spiele, Lachs und Sport

Unsere Städte verheimlichen den Unterschied von Arm und Reich. Die architektonische Erinnerung an die Herrschaftszentren, um die sich die Palais der Höflinge, die Häuser der Beamten, die Geschäfte der Lieferanten gruppierten, ist im Krieg zerstört worden und wäre ohnehin Museum. Aber auch die Erscheinungsweisen des Reichtums, die sich das Bürgertum des 19. Jahrhunderts erfunden hat und die nicht so steinern und dauerhaft waren wie jene der hierarchisch strukturierten Hof- und Adelsgesellschaft, sind untergegangen.

Nicht allein, daß die Reichen keine Adresse mehr haben, wohin sie sich aus dem plebejischen Getriebe der Stadt zurückziehen könnten. Auch die Prachtstraßen, auf denen sie früher unter sich waren, die Cafés, in denen sie sich gegenseitig beschauten, hat man vergessen, beim Wiederaufbau neu einzurichten. Dem, der nicht gerade auf der Maximilianstraße in München oder auf der Goethestraße in Frankfurt promeniert, wo ein weibliches Begleitpersonal die Wohlhabenheit des bundesrepublikanischen Managements vorstellt, zeigt sich im Zentrum der Städte tatsächlich das Bild einer demokratischen Gesellschaft, in der alle die gleiche Miene mittelmäßiger Zufriedenheit und die gleiche Gestalt eines mittleren Einkommens zur Schau tragen. Die Extravaganz, die allenfalls aus dem beruhigten Einerlei ein bißchen aufschreckt, ist nicht die der Bonvivants und Dandys, der reichen Bürgersöhne und Nichtstuer; ein paar kleine Mädchen mit Anfangsgehältern vielmehr stückeln sich aus dem Billigsten, was zu haben ist, ein phantastisches, liebenswertes Kostüm zusammen, um damit zu demonstrieren, daß die Absicht, mehr sein zu wollen als die anderen, ein jugendlicher Leichtsinn ist.

Selbst wer hinter die Kulisse der Inszenierungen der Demokratie auf den Großstadtstraßen schaut, wird nicht enttäuscht. Die Gleichheit ist kein Bluff: Auch in den Vororten leben die »Reichen« in ungefähr demselben Ambiente wie ihre finanziell weniger begünstigten Angestellten. Denn was tut schon der Unterschied zwischen einer hochmodischen Badezimmerkachel in Schwarz samt Messingwasserhahn und einer Einrichtung in banalerem Himmelblau oder Rosa! Letztlich bleiben solch kleine Vorzüge ohnehin dem Blick derer, die zur Bewunderung aufgelegt wären, verborgen; und so hat es den Anschein, daß die »Reichen« eigentlich arm dran sind, weil sie ihren Reichtum so recht und in vollen Zügen und zum Ärger der anderen – wie eben in früheren Jahrhunderten – gar nicht genießen dürfen. Denn auch das Auto, das erste und einzige Statussymbol der jungen Bundesrepublik, ist ja mittlerweile Massenware.

Der Reichtum aber, was wäre er, wenn er nicht erschiene? Wo also findet das *Schau*spiel der Götterlieblinge statt, die mehr haben als die anderen?

Herausfordernder jedenfalls treten sie nirgends auf als in der Sportarena! Beim *Stuttgart Classics* etwa oder beim Davis-Cup in München genießt die Oberschicht so ungeniert wie in der Nachkriegszeit bislang noch nie ihr Glück. Die Herren in den Sponsorenlogen verfolgen immerhin gelassen das Ereignis; die Heiterkeit aber, die auf den Gesichtern ihrer Damen schwebt, kann das Vergnügen nicht verleugnen, das sie gerade erleben. Sollte dies die Lust sein, einem Schaukampf männlicher Kraft beizuwohnen? Nie noch hat Martialität ein weibliches Wohlbehagen erzeugt. Die Frauen genießen es hier – freilich als die Stellvertreterinnen ihrer Männer –, selbst ein Publikum zu haben, dem sie zeigen dürfen, wie schön, wie reich, wie emporgehoben sie sind. Die Topographie des Ortes, Gewand und Gebaren der Personen tun kund, wes Standes Kind sie sind. Das Kleid dieser Frauen – dieses immer gleich geschnittene Kostüm – unterscheidet sich nur durch die Buntheit vom Anzug der Männer, die sie begleiten. Die Couturiers haben der Frau zu ihrer ästhetischen Auszeichnung statt dessen neuerdings Ohrgehänge und Colliers von einer Größe erfunden, die regelrechte Rüstungen aus Straß und Plattgold sind. So gewappnet gibt sie den schönen Schein zum erfolgreichen Sein des Mannes. Gemeinsam werden beide – durch Ort und Kleidung ebenso unnahbar wie gut sichtbar präsentiert – aus den Rängen beobachtet. Oft genug weist denn auch von dort eine deutende Hand herab mit dem Ausruf: »Schau, der Chef!« Im Fernsehen, das die Veranstaltung überträgt, ist diese Stimme freilich nicht zu hören. Sie geht im Ping-Pong der Schläge unter und würde über dem ewigen Hin und Her der Bälle, dem das Auge reflexartig folgt, ohnehin mißachtet werden.

Der Topographie, die den Schauplatz durch grüne Vorhänge in die Logen der Sponsoren und das Amphitheater des »Volkes« teilt, entspricht mittlerweile auch ein Verhaltenskodex, der die Schichten voneinander deutlich unterscheidet. Die jungen Männer in den Rängen, die meist in Cliquen auftreten, scherzen laut miteinander und mit ihren Freundinnen anzüglich. Der Kuß auf die Wange hingegen ist das neue Statussymbol der Hautevolée. Allemal läßt sie, die immer erst kommt, wenn die Ränge schon besetzt sind, die Dezenz dieses Begrüßungszeremoniells bestaunen.

Das Adyton aber, der Raum der Unbetretbarkeit, in den jede Oberschicht, die sich gerade einmal gezeigt hat, wieder entschwinden muß, ist bei den Sportveranstaltungen die Lounge. Dort hinein schweben von Zeit zu Zeit auf erhobenen Kellnerhänden üppige Platten von Mövenpick – und bunte Damen hinter ihnen her. Brot und Spiele bekommt das »Volk« heute wie in alten Zeiten auch; den Genuß von Lachs und Kaviar aber erheben die Veranstalter zur geheimnisvollen Kulthandlung hinter verschlossenen Türen.

Die vornehmen Zuschauer aus den Logen kehren im allgemeinen lieber in »ihrem« Restaurant ein als die von den Rängen in ihrer Speisehalle. Letztlich haben die Logengäste ihren Platz umsonst bekommen, während die übrigen Zuschauer den ihren bezahlen mußten und daher wissen, was ihnen das sportliche Ereignis wert ist. Ein bißchen hat sich ihnen ohnehin der Kampf ums Leben im Kampf um die Karten gespiegelt. Die Reichen hingegen verscherzen das Geschenk, zuschauen zu dürfen, mit lässiger Gebärde.

Freilich sind sie deshalb noch lange keine unseriösen Faulpelze, die nicht wüßten, was Arbeit ist. Im Unterschied zu früheren Zeiten, wo die Größe des Reichtums an der Befreiung von der Arbeit abzulesen war, ist heute einer umso würdiger, je mehr er arbeiten muß oder darf. Um zu sehen, wie die reichen Herren ihre Damen auf dem Sportplatz begrüßen, muß man an Wochentagen daher schon bis in den Abend hinein warten. Dagegen scheint, nach den vollbesetzten Rängen zu schließen, das »Volk« leichtsinnigerweise sogar unter der Woche Urlaub zu nehmen für das banale Vergnügen dieser Wettkämpfe.

Die Choreographie der zwei Schichten, die sich da umeinander und voneinander weg bewegen, ist vorläufig nur auf dem Sportfeld zu beobachten. Voraussehbar aber ist die Eroberung der Logen in den Theatern, die sich die Sponsorfirmen vorbehalten werden, und die Reaktion der sprachbegabten Intelligenz, die dort ihren Platz hat, auf diese Usurpation. Vorläufig tut sie die Reichen, die aus purem Spaß am Vergnügen und aus nichts als der Lust an der Selbstdarstellung an den Orten der Kultur erscheinen, als Schickeria mehr verächtlich als aggressiv ab.

Allzuviel Empörung über die neue Ungleichheit wäre aber

selbst schon ein leeres Rollenspiel. Denn das genauere Nachdenken darf sich über der Einsicht beruhigen, daß die ungewohnte Zurschaustellung des Reichtums in den Sportarenen zwar ein Bild des individuellen Glücks, aber kein Szenarium der Macht entwirft. Die Zuschauer in den Logen sind keine Herrscher, sondern selbst nur Repräsentanten. Die markigen Gesichter und dynamischen Bewegungen der Herren zeigen, wie sehr sie selbst noch um ihr Glück zu kämpfen haben, wie sehr ihr Beruf eine sportliche Leistung, kein herrschaftlicher Genuß ist. Ihr Privileg ist es nicht, Reichtum zu *haben*, sondern Reichtum zu *gewinnen*. Auch deshalb besuchen sie am liebsten die Wettkampfplätze und statten den Sportler mit hohen Gewinnchancen aus, weil er die Imago ihrer selbst und sein Match der Spiegel ihres eigenen Berufslebens sind. Letztlich also kommunizieren die drei Parteien der Veranstaltung miteinander, die Reichen, die Ärmeren und die Sportler: in der Hatz aufs Geld. Das Volk darf sich dabei am Showbusiness der Businessmen erfreuen – und außerdem kann sowieso Loge statt Rang und Lachs statt Bratwurst kein Anlaß zu klassenkämpferischen Gefühlen sein.

Die verkaufte Stadt

Harry Graf Kessler zeigt sich in seinen Tagebüchern begeistert von den nackten Jünglingen, die er in den zwanziger Jahren im Englischen Garten beim Bad und Sonnenbad beobachtet. Er vermeint, die Auferstehung der Antike in all ihrer Freiheit und Schönheit mitzuerleben. Schwerlich wird heute einer, der durch die überfüllte Badeanstalt hindurch muß, zu der der stadtnahe Teil des Parks geworden ist, das homoerotische Entzücken des Aristokraten teilen. Mag sein, daß die Eroberung des öffentlichen Raums durch die Nacktheit am Anfang des Jahrhunderts ein ästhetischer Gestus war, an dem sich beteiligte, wer sich antikischer Schönheit verpflichtet fühlte. Heute jedenfalls bewirkt die Überschwemmung der Wiesen mit Busen, Hintern, Bäuchen nur die Zerstörung der schönen Natur, die Friedrich Ludwig von Sckell zur Erheiterung des Auges angepflanzt hat.

Dem Grafen Kessler hatte sich die Enthüllung des Leibes im Abendschein der Aufklärung verklärt. Das 18. Jahrhundert verwechselte die Ähnlichkeit der nackten Sportler in der griechischen Polis mit der demokratischen Gesellschaft, der es selbst zustrebte. Der nackte Körper war für das Jahrhundert utopisch, weil alle Zeichen des Standes von ihm abgefallen waren. Mit dem modernen Ebenbild des griechischen Jünglings richte sich, so meinte Kessler mit vielen anderen, das Symbol der Demokratie im Englischen Garten ein. Kesslers gleichwohl aristokratischer Schönheitssinn hätte sich aber empört, hätte er geahnt, daß der Einzug der Nacktheit in den Park nur der erste Akt eines Eroberungskrieges war, den seither die Demokratie gegen alle auratische Schönheit führt, die ihr in den Städten noch geblieben ist.

Unermüdlich sind inzwischen die Einwohner damit beschäftigt, in ihrer eigenen Stadt alles zu zerstören, was gerade noch hatte gerettet werden können aus der Asche zum Genuß des Auges. Schlösser, Galerien, Kunstsammlungen, Parks, Promenaden, Rathäuser und Rathausplätze, deren Pracht und Schönheit aus der Distanz zu beschauen waren, will man nun mit Händen greifen, mit Füßen betreten, mit dem Hintern besetzen. Wer etwas nur anschaut, wahrt vor dem Angeschauten Respekt. Deshalb müssen nun fürstliche oder patrizische Machtsymbole von den Bürgern im wörtlichen Sinne *in Besitz* genommen werden.

Auf den Plätzen und Wiesen vor den Schlössern und in den Parks enfaltet sich das Nachspiel der Ferienreise am Heimatort. Der Ferienreisende nimmt, in der Ferne und zu Hause, die Welt nicht mit dem Auge, sondern mit der Haut, nicht optisch, sondern haptisch wahr. Dem Körper ist es gleich, welche Schönheit er zerstört, wenn er sich nur den Luxus von Sonne und Wasser, Licht und Luft verschaffen kann. Auf Wiesen, wie etwa jener romantischen hinter dem Karlsruher Schloß, wo Eichen und Ulmen mit Bedacht gesetzt sind, spielen daher Väter und Söhne Fußball, Federball und Ringewerfen, liegen in der Sonne und schmausen mit ihrer Familie die Leckerbissen aus dem Picknickkorb. Ein Schild, welches das Betreten der Rasenfläche untersagte, gälte dem überempfindlichen politischen Bewußtsein als erster Schritt der öffentlichen Ordnung in die Diktatur. Ästhetische Stimmungen übersetzt das egalitäre Bewußtsein in gymnastische Übungen. Bezog das Bad der Jünglinge am Anfang des Jahrhunderts möglicherweise aus der Erinnerung an einen kultischen Akt, der Taufe, Reinigung, Weihe sein Flair, so ist der Aufzug der badelustigen Münchner heute Teil eines Fit-neßtrainings.

Die Aneignung der Schönheit wird, da man sie nicht eigentlich packen und nach Hause tragen kann, durch die Übertragung häuslicher Gesten in die Öffentlichkeit vollzogen. Die Geschichte der Entwürdigung der städtischen Schönheit zeigt sich am Übergang vom aufrechten Gang zum Sitzen und Liegen. Die konservativen Südländer, die auf Plätzen herumstehen, promenieren, ihren Café stehend an der Bar einnehmen, haben für die nördlichen Touristen ihre Markt- und Domplätze mit Stühlen vollgestellt. Das Entgegenkommen ging den Gästen aber nicht weit genug. Sie schickten ihre Kinder mit Rucksäcken aus, um die schönsten Plätze des Südens zu belagern und die Treppen und Brunnenränder im Schlaf zu erobern. Schließlich behalten sie auch zu Hause dies Verhalten bei, um die letzten Zufluchtsstätten der Schönheit zu brüskieren.

Die Stadtstreicher, mittlerweile unübersehbares Detail im Straßenbild, sind die Allegorien dieser öffentlichen Nachlässigkeit, auch wenn sie die provokative Rolle mit ihrer Gesundheit bezahlen müssen. Sie übernehmen die allgemeine Unehrerbietigkeit als theatralischen Part. Unglücklich mögen sie sein, doch mehr noch hat sie die Öffentlichkeit als Schauspieler des Unglücks angestellt. Mit dem verschämten Elend der zwanziger Jahre haben sie nichts gemein und auch nichts mit den Heruntergekommenen in den amerikanischen Slums. Nicht abgemagert, sondern eher rundlich, beziehen sie den Posten der Unehre just an den bevölkertsten und schönsten Plätzen einer Stadt. Diese Armut hat immer noch genügend Energie zur Aggression. Sie raunzt alles an, was immer aufrecht geht, vor allem aber gut gekleidete Frauen. Nie ist die Anrempelei zufällig; sie weiß, was sie tut. Wie jede Allegorie, so führt auch diese ihr Attribut mit sich: den Hund. Durch ihn verrät die Allegorie, daß sie sich ihrer sinnbildlichen Ästhetik wohl bewußt ist. Nie sieht man in der

Stadt Promenadenmischungen von so auserlesener Schönheit wie an der Seite der Stadtstreicher. Wer so viel Geschmack hat, weiß, daß seine Häßlichkeit Stil ist.

Die Belebung der Innenstädte, die unter dem Vorwand der Unterhaltung der Bürger zum Zweck der Förderung des Handels veranstaltet wird, ist für die verarmten Kommunen nur ein Argument, um den öffentlichen Raum zu verkaufen und die aufrecht gehenden Fußgänger auf einen schmalen Pfad zusammenzudrängen: auf der einen Straßenseite stolpert der Flaneur um den Schund der »Kundenstopper« herum, auf der anderen dampft ihm aus hungrigen Mündern Fischgeruch und Bierdunst entgegen. Eine Stadt mit dem Auge zu genießen, braucht es aber Raum; wer nicht gesehen werden kann, will auch nicht sehen. Im dicht besetzten Gasthaus, zu dem die Städte geworden sind, herrscht aber nur noch der Kampf ums Vorwärtskommen.

Die Knauserei der Kommunen, die aus jedem Fleckchen, das sie verwalten, Geld schlagen, scheint Walter Grasskamp recht zu geben, der in seinem Buch »Die unästhetische Demokratie« die Zerstörung der Schönheit für ein »konstitutionelles Manko« dieser Gesellschaftsform hält, »denn bewußt und schlüssig überantwortet die bürgerliche Demokratie die Künste einer Instanz, die sie als Ort eines ›freien Spiels der Kräfte‹ ausgibt, dem Markt.«

Neben den Bürgern und Kommunen beteiligen sich denn auch an der Enteignung der Schönheit vor allem kleine Unternehmen. Die gute Wohnadresse vornehmer Familien von einst ist heute zur guten Adresse von Immobilienhändlern, Wirtschaftsprüfern und Steuerberatern geworden. Die Häuser des 19. Jahrhunderts, Adaptionen aristokratischer Villen und Palais ans bürgerliche Wohlbehagen, dienen ihnen zur Vorspiegelung einer Tradition, die das Unternehmen selbst nie hatte. Auf den Briefbögen bilden die Geschäftsleute die noble Fassade ihres Firmensitzes ab, legen also ein ästhetisches Bewußtsein an den Tag, dem ihr Privatleben in der

Welt, die sie sich wieder aufgebaut haben, nicht entspricht. Vielmehr zerstören gerade sie den letzten architektonischen Rest an Schönheit durch die Praxis. Nicht allein, daß die vorhanglosen Fenster der Büros, deren kaltes Licht am Abend die Architektur flach und leblos machen, das Potemkinsche Dorf entlarven, zu dem jede Straße des 19. Jahrhunderts geworden ist. Wie Burgwälle mauern zudem parkende Autos die Häuser in den Bürovierteln ein, so daß weder der Rhythmus von Architektur und Gärten, noch die Anlage einer Straße zu erkennen ist. Die Nutzung verflacht das feudale Ambiente des Briefkopfs zu einem Äußeren, das so papieren ist wie jeder andere Bürobau auch.

Zur Verwandlung des Bauvolumens einer Stadt in eine tote Masse trägt selbst die nächtliche Beleuchtung der Monumente bei. Jede Nuance des Mauerwerks und Ornaments geht in den vielen tausend Watt unter, die Burgen, Schlösser, Kirchen erst so recht gespenstisch machen. Jede schöne, alte Stadt verwandelt sich nächtens in ihr eigenes Disneyland. Es hilft ihrer Schönheit nicht auf, daß ihr dadurch die Massen zuströmen, denn letztlich übernimmt der Tourismus selbst den größten Teil der Mühe, das traditionelle Ambiente zu zerstören. Die ästhetischen Einbußen sind geradezu materiell spürbar: die Akropolis bröckelt und das Goethehaus wankt. Da in einer demokratischen Gesellschaft aber auch vor dem Kunstwerk jeder gleich ist, darf der Zutritt zur ästhetischen Allmende durch keine Einschränkung behindert werden. Neapel sehen und sterben – das gilt neuerdings für die Städte selbst, nicht für ihre Besucher.

Brutalismus

Es ist noch keine vierzig Jahre her, daß man im VW von Würzburg sechs Stunden an Flüßchen entlang, über kleine Brücken, zwischen heckenumsäumten Feldern nach München fuhr, ehe die Autobahn die Fahrzeit auf ein Drittel verkürzte; es ist noch keine dreißig Jahre her, seit das erste Popkonzert unter freiem Himmel stattfand, zu dem die Fans wallfahrteten, ehe ihnen dieser Weg erspart blieb, weil inzwischen die Lautverstärker die Musik von den citynahen Aufführungsorten gelegentlich bis in acht Kilometer entfernt gelegene Vorstädte tragen; es ist keine zehn Jahre her, da konnte der abendliche Spaziergänger im Park seine müden Ohren noch am knirschenden Kies unter seinen Sohlen erfreuen, ehe der Asphalt die Parkwege pflegeleicht gemacht hat. Es ist auf jeden Fall noch gar nicht so lange her, daß Geschwindigkeit, Lärm und Grobheit zum Stilideal unserer Zeit geworden sind.

Grobheit allerdings ist ein zu altmodisches Wort, um moderne Formen des menschlichen Umgangs zu charakterisieren; es wäre zeitgemäßer, es mit »Power« zu übersetzen. Power zum Beispiel bezeichnet am Tonbandgerät die Taste, mit der es einzuschalten ist, Power ist aber auch das, was dann ertönt; Power hat ein Auto mit soundsoviel PS, und Power ist das, was der Fahrer erzeugt, wenn er es in Gang setzt; Power hat das As beim Aufschlag des Tennisspielers, das die Herzen höher schlagen läßt; Powerfrauen erobern die Modejournale und machen dort die Männer schwach, weil sie ihrer zarten Haut Cremen antun, deren Power eben nur Powerfrauen zu entdecken wissen; jedenfalls hat die »Power-Creme« etwas mit Kraft, Lebenskraft vielleicht, zu tun, d.h. mit Überlegenheit. Power ist, im Unterschied zu der ihr so nahe verwandten Grobheit, die die Umwelt unangenehm berührt, ein Zustand, durch den sich der einzelne selbst auszeichnet. Dieser braucht gar nicht mehr danach zu fragen, was er mit seiner Kraft bewirkt und anstellt.

Die Powerkultur genießt gleichwohl die Rücksichtslosigkeit, wenn auch nicht gegen die Person des Anderen, so doch gegen seine Sinnesorgane, Auge und Ohr. Häßlich und laut erscheinen die akustischen und optischen Zeichen dem, der nicht auf der Höhe des neuen Stils ist. Die Aggression gegen die Sinne richten die Menschen ebensogut gegen sich selbst wie gegen andere. Mehr als 50 % der Gäste in Diskotheken, die ja schließlich freiwillig dort hinkommen, finden die Musik zu laut, und vielleicht wird es auch den einen oder andern von ihnen, der gerade noch durch seiner Mutter blumengeschmücktes Fenster nach dem Wetter Ausschau hielt, schmerzen, wenn er auf Autoreifen sitzt, wenn ungestrichene Blechrohre von der Decke drohen und Scheinwerferlampen den Raum erhellen. Die modernste Welt, die zu haben ist, ist mit Dingen ausgestattet, die auf keinen Fall Zuneigung erwecken dürfen. Es ist nun einmal schick, in Werkhallen und Garagen seinen Espresso zu nehmen. Der Reiz solcher Ambiente liegt in der geradezu futuristischen Begeisterung für technische Geräte und in der masochistischen Lust, sich diesen körperfeindlichen Gegenständen hinzugeben.

Die Powerkultur ist in der Tat eine Hommage an die Technik. Mit der Euphorie, die dem Ästheten eigen ist, paßt er seinen Geschmack Gegenständen an, die bislang als häßliches Werkzeug in den Bereich der Arbeit verbannt waren. Die avantgardistische Ästhetik ist Mimikry an die Technik:

Geschwindigkeit, Kraft, schnelle Verfügbarkeit sind ihre neuen Merkmale. Im Alltag wird kultiviert, was früher nur in Fabrikhallen zu finden war: Lärm, Gestank, Schmutz. Im Bereich des Unnützlichen werden die Gesten der Nützlichkeit zelebriert. Die Jugendlichen schätzen an ihren Autos am wenigsten die Feinheit der Ausstattung, das also, was über das Nützliche hinwegsehen macht. Wenn sie allabendlich mit überhöhter Geschwindigkeit durch die Stadt brausen oder auf schmalen Straßen übers Land, so genießen sie am Auto das, was es tatsächlich als Mittel der Fortbewegung auszeichnet, seine Geschwindigkeit, und protzen mit dem Effekt, der dadurch entsteht, mit Krach und Gestank. Die ersten Fabrikate von Daimler, vornehme Staatskarossen, an denen nichts verraten durfte, daß nicht mehr edle Rosse, sondern Pferdestärken sie voranbrachten; die eleganten Karosserien alter BMWs machen bewußt, daß im Laufe der Zeit das Design verkümmert ist zugunsten des Motors, dessen Kraft es zu demonstrieren gilt.

Die so modische Bereitwilligkeit, sich von der Technik den Stil diktieren zu lassen, ist trotz allem ein Atavismus. Nur zögernd paßt sich der Geschmack der Praxis an und huldigt immer einer, die längst überholt ist. Technische Geräte tendieren heute dazu, immer kleiner, leiser, unscheinbarer zu werden. Der junge Mann aber, der gerade seinen Eltern den neuesten, angeblich sensiblen Rasenmäher empfohlen hat, fährt ein Motorrad, das der Schmerz seiner Mitmenschen ist; er friert beim Friseur auf einem vierschrötigen Sessel aus Metall, während er zu Hause die Musik aus einem Diskettengerät hört, das in seiner Hosentasche Platz hätte. Die Powerkultur bezieht ihr Stilideal aus der Zeit der Dampfmaschine. Unser Alltagsbewußtsein ist gerade auf dem historischen Niveau der Werkhallen des 19. Jahrhunderts angelangt.

So bleibt die Frage, ob der allerneueste Stil der Trägheit eines Bewußtseins anzulasten sei, das immer hinter der Geschwindigkeit der technischen Entwicklung zurück bleiben muß, oder ob er nicht etwa einer Nostalgie entstammt, die ihre Gesten diesmal aus anderen Bereichen des vorigen Jahrhunderts bezieht als jene der siebziger Jahre, die sich in die Rüschen- und Blümchenkultur der Großmütter verliebte. Diese erste Nostalgie suchte den schönen Schein, hinter dem sich die Tatsache des technischen Fortschritts noch verstecken mußte; der heutige Brutalismus zeigt sich, wenngleich verspätet, euphorisch begeistert von der Technik.

Im Unterschied zu jener ersten Anlehnung an eine vortechnische Gemütlichkeit ist die heutige Anpassung an eine veraltete Technik nicht nur ein Freizeitstil von Studenten und jungen Frauen. Dieser Stilgestus prägt die gesamte Alltagsästhetik. Die Architektur hat Betonfestungen über Stadt und Land verstreut. In jedem Dorf, in jeder Schlafstadt entstehen kleine Burgen, von unmotivierten Türmchen, regelrechten Belfrieden, überragt und mit Altanen aus Zement. Sie nehmen sich aus wie gerüstete Ritter, die den Harlekin spielen. Vielstöckige Hochhäuser stehen in die Erde festbetoniert da und geben in ihrer Sockelzone dem Vorbeifahrenden zu erkennen, daß jetzt Stahl und Beton *die* schönen Materialien sind, denn Materialgefühl ist Schönheit schlechthin. Auch wenn diese Bauten der obligate Sandstein verkleidet, so bleibt doch die Art seiner Bearbeitung ein Hinweis auf das stabile Rückgrat des Gebäudes. Vor einigen Jahren hat O.K. Werckmeister in einem Buch mit dem Titel »Zitadellenkultur« am Beispiel der Stuttgarter Staatsgalerie den bunkerartigen Charakter der gegenwärtigen Baukunst beschrieben. Selbst wenn es mittlerweile dem Charme von Hollein gelungen ist, auch noch dem Beton Eleganz abzuzwingen, so beleidigt der massive Stil, der diesem Material angeboren ist, doch allerorten das Gemüt.

Die schmerzliche Disharmonie der Auswüchse, Kröpfe, Buckel und Hörner, die den Besitzer als Novitäten erfreuen und den Passanten als Geschmacklosigkeit ärgern, ist Folge

der unbeschwerten Experimentierfreudigkeit ästhetisch rat-
loser Bauherrn, die der Moderne ihren Tribut meinen zollen
zu müssen. Vom Fachwerkhaus bis zur barocken Scheuer,
vom Renaissance-Rathaus bis zum Jugendstilpalais bewegte
sich die Baukunst im seit Jahrtausenden erprobten Formenschatz. Proportionen, die den neuen Materialien angemessen wären, müßten noch gefunden werden. Die Plump-
heit, die sie bislang haben, zeugt nur von der Ratlosigkeit
einer Kunst, der es an Übung fehlt. Auch Steine, die in goti-
schen Kirchen die Immaterialität von Filigranen und an Ro-
kokoschlössern die Zartheit von Blumen erlangten, sahen
beim Bau jungsteinzeitlicher Hypogäen noch so aus, als
könnte aus ihnen nie eine Feinheit herausgemeißelt werden.

Freilich ist nicht nur Ratlosigkeit der Grund für die Lust
am Groben. Der Zeitgeist kostet auch die Chance zur Faul-
heit aus, die die neuen Materialien und Techniken begünsti-
gen. Asphaltierte Parkwege und Waldpfade beweisen dem
Spaziergänger, wie mühelos Luxus zu haben ist und wie
leicht verfügbar die Welt: kein Schlagloch behindert die Zu-
fahrt, keine Wurzel läßt den Fuß straucheln, kein Regen-
tropfen trifft den in bequeme, wetterfeste Kleidung verpack-
ten Körper, kein Matsch macht den Ausflug unmöglich.
Freilich verkehrt sich auch hier die Erfüllung der Idee in
Schmerz. Gegen den Asphalt braucht es den Schutz weicher
Schuhe, und so ist es nicht nur Schlampigkeit, wenn die
Menschen auf Turnschuhen so elastisch wie unelegant daherkommen. Mit der Freiheit, die der grobe Stil verspricht,
geht die Unfreiheit einher; jedermann muß sich vor der Bru-
talität der Technik selbst schützen. Die Häuser der Groß-
städte mit den massiven Fensterscheiben und -rahmen sind
auch deshalb so plump, weil sie wahre Bollwerke gegen den
Straßenlärm sind.

Nun wäre aber ein Habitus nicht Stil zu nennen, wenn er
nicht auch da aufträte, wo er nicht sein müßte. Was der eine
schön nennt, nennt der andere pflegeleicht, und so ist Schön-

heit überall gern gesehen. Diese Eigenschaft ist nicht nur ein Vorteil für einen praktischen Gegenstand, wie zum Beispiel für die Töpfe und Tassen der geplagten Hausfrau; auch Restaurants kokettieren mittlerweile mit dem »Häfele«, in dem sie nach der teuren Mahlzeit den Kaffee servieren. Der Gast akzeptiert als Gemütlichkeit, was für den Unternehmer Kalkül ist. Kaffeekännchen mit Deckeln sind nun einmal unhandlich, und Spülmaschinen kommen mit ihnen schlecht zurecht. So formlos wie das »Häfele« und von derselben Handlichkeit ist vieles, was von Wohlgefühl, Wohlgestalt und Schönheit nichts mehr wissen will: T-Shirts, Turnschuhe, Steingärten und Koniferen, Ohrringe aus Blech, Papierkörbe neben jeder Parkbank, Kinderspielplätze mit einer Einrichtung aus Holzbalken, Autoreifen, Panzerketten, die nicht nur Kinderhänden standhält, und schließlich Schwarzwaldhotels.

In diesen Sehenswürdigkeiten des Zeitgeschmacks, die sich als Ruhepunkte zwischen Wanderglück und Badespaß anpreisen, erhält die technische Machbarkeit ihre rousseauistische Legitimation. Wer dort einkehrt, soll – und das gilt für ganz Süddeutschland, von dem die Welt meint, es liege ein gutes Stück näher an der Natur als jede andere deutsche Landschaft – das Gefühl haben, er sei in die Urnatur zurückgekehrt. Holz ist hier als Symbol des *retour à la nature* im wörtlichen Sinne zu dick aufgetragen an Balkonen, Treppengeländern, bei Blumenkübeln aus Fässern und Wagenrädern und vor allem an den Zimmerdecken, von denen lastende Balken herunterdrohen. Hier gilt als guter Stil, was ungehobelt und unfurniert erscheint: Die Beize soll roh und rußig aussehen, als hätte das Feuer des Steinzeitmenschen die Balken geschwärzt. In Wahrheit haben die Fabriken des 20. Jahrhunderts einen natürlichen Baustoff, Holz, wie einen neuen, wie Beton, behandelt und Stein wie Zement. Pflegeleicht sind diese Dielen und Decken und kommen in ihrer schmutzigen Urigkeit aller Renovierung zuvor. Die Zivilisation hat den Erholungsreisenden nicht entlassen, sie hat ihn eingeholt: Was als Naturstil ausgegeben wird, ist Industrieproduktion, das Rustikale ist das Funktionale, das Provinzielle das Industrielle. Im Schein der Alternative kehrt die Technik zurück.

Aus der Idee der Natur ist auch – um eine weitere süddeutsche Urkultur zu beschreiben – die unnatürliche Möblierung von Rastplätzen entsprungen. Vom »Wanderparkplatz« braucht es nur wenige Schritte bis zu jenen Rastplätzen, deren Möbel, klobig, dunkel, hölzern, schwer, in die Ursprünge der Kultur zurückversetzen, in jene angeblich glücklichen Zeiten, da der Mensch mit der Natur in Harmonie verbunden war. Dicke Stämme, in der Mitte gespalten und über zwei Astgabeln gelegt, machen eine massive Bank; der Tisch davor besteht aus dem Querschnitt eines Baumes, einem mächtigen Rad, das ein gedrungener Klotz als Tischfuß stützt. Erdverwurzelt, haltbar und unhandlich, wie diese Gegenstände sind, blank poliert diesmal, so daß kein Spreißel schmerzt, und endlich zur Eßecke komponiert, wie sie im Einfamilienhaus schöner nicht zu finden ist, fragt man sich doch, in welche Urkultur sich da der zivilisierte Mensch des 20. Jahrhunderts hinabgeträumt hat. Sollte hier die natürliche Wohnung des Neandertalers rekonstruiert worden sein, so befände man sich zum mindesten in der gepflegten Atmosphäre seines Salons. In solch nobler Frühkultur freilich stört dann auch der Plastikbecher nicht mehr, der nun aufgetischt wird, nicht der Papierteller oder das Messer mit dem Kunstholzknauf. Auch die Kleidung des Wanderers von der Natur zur Urkultur, der sich in dieser Eßecke niedergelassen hat, sein wasserabstoßender Anorak, die reißfeste Bundhose aus hundertprozentiger Viskose sind dem sterilen Milieu angemessen, an das die Natur nicht mehr heranreicht, wo kein Käfer übers Butterbrot krabbelt und keine Spinne übers Bein der Dame. Im Unterschied zum Pendler zwischen Parkplatz und Rastplatz scheint da der noch wahrhaft ein Abenteurer zu sein, der sich ins Gras legt und dem Angriff des Getiers standhält.

Hier so wenig wie im Erholungshotel des Schwarzwalds zeigt sich der Augenaufschlag einer Megalithkultur, die gerade aus dem Naturzustand erwacht; hier findet die raffinierte Selbsttäuschung einer Spätkultur statt, die für natürlich ausgibt, wonach ihre Sehnsucht gerade geht: das Plumpe, Dunkle, Ungeschlachte, Erdverbundene. Aus der Zivilisation der Stadt flieht der Mensch nicht in die Natur, sondern in ihren Begriff, und dieser ist gebildet nach dem Werkzeug, mit dem er sich seinen Alltag einrichtet.

Die gesamte atavistische Modernität – und das sollte nicht mißverstanden werden als ein Aufschrei des Feminismus, wie er zu guter Letzt immer laut werden muß – befestigt den Gestus der Männlichkeit im Alltagsleben. Kraft und Geschwindigkeit sind seit der Antike männliche Vorzüge, die Steigerung der Energie über menschliches Maß hinaus das Ziel jeder kriegerischen – und heute sportlichen – Erziehung. Die Geräte, die unser Leben erleichtern, sind schließlich alle aus dieser Absicht entstanden, und man muß nicht Virilio sein, um die grundsätzliche Nähe aller Technik zum Krieg zu sehen.

Das Auto ist deshalb der Inbegriff des ästhetischen Brutalismus, weil es Energie und Kraft demokratisiert hat. Jedermann verfügt durch dieses Gerät über eine übermenschliche Potenz. Es ist mittlerweile vom Statussymbol zum Ausdrucksmittel männlicher Kraft geworden, ganz gleich, ob es Frauen oder Männer fahren. Siege werden heute nicht durch nationale Gesänge oder durchs Schwadronieren am Stammtisch gefeiert, sondern durch den Druck aufs Gaspedal. Ob man eine Frau erobert hat oder das Idol einen Sieg in Wimbledon, der Fahrstil drückt das überstandene Risiko aus. Männlichkeit dringt aus allen Poren des Automobils. Worauf es fährt, der Asphalt, ist hart wie ein gespannter Muskel und woran es vorbeifährt, das Bürohochhaus mit den massiven Mauern und bulligen Fenstern, eine feste Burg. Ein Auto ist kein Gerät, dem zarte Gefühle und sanfte Gesten anstünden, und eine Welt, für die es – noch immer – das Lieblingsspielzeug ist, kann nicht elegant sein. Wenn einmal, wie im Urlaub, Laxheit, Fleischlichkeit, Familiarität zu ihrem Recht kommen, so geht doch immer der Weg dorthin mit dem Auto oder Flugzeug, den populärsten Errungenschaften des männlichen Geistes, und wenn die Ferienszenerie an warmen Sommerabenden im Zentrum der Städte noch einmal erwacht, so heulen um die Reservate der Nonchalance herum die Motoren potenter Jünglinge auf.

Die persönliche Note: Design

Häßlich verkauft sich schlecht«, behauptete Raymond Loewy, einer der erfolgreichsten Designer dieses Jahrhunderts, in einem Buchtitel 1940. Damit hat er die Zauberformel verraten, die die Konsumgesellschaft umtreibt, denn jeder Gebrauchsgegenstand schmeichelt sich beim Kunden durch eine einnehmende Gestalt ein. Die Schönheit der Ware macht ihn zum König, der für einen Moment der Meinung sein darf, daß sein Geschmack die Welt regiere. Im Herzen des Käufers wird jeder Kaufakt eine Krönungszeremonie.

Da es ebenso viele Könige wie Kunden gibt, die ihre Herrschaft durch den Kauf nicht-häßlicher Dinge bekräftigen, wäre das 20. Jahrhundert, trotz der vielen Beleidigungen, die dem Auge zugefügt werden, das Jahrhundert der Schönheit zu nennen. Wer kauft, tut es fast immer, weil das Aussehen des Objekts ihn reizt, weil er es frischer, attraktiver findet als das alte, das er schon hat. Nur die allerneuesten Erfindungen (gegenwärtig Computer und Videos) veranlassen wegen einer perfekteren Technik zum Kauf eines neuen Exemplars und können daher weitgehend auf die schöne Gestalt verzichten. Jede Stilisierung eines Gebrauchsgegenstandes aber kaschiert nur das Eingeständnis, daß die Möglichkeiten seiner technischen Verbesserung ausgeschöpft sind. Will er weiterhin begehrt sein, muß er schöner und schöner werden.

Design ist der gängige Ausdruck für diese Art Warenästhetik von beklemmender Allgegenwärtigkeit. Nur die

Schönheit von käuflichen Produkten wird damit beschrieben. Das selbst genähte Kleid hat kein Design, und sei es noch so hübsch; die Geburtstagstorte der Oma für ihren Enkel ist fern von allem Design, auch wenn es mittlerweile ein Lebensmittel-Design gibt; die Titelseite der Hausarbeit, die ein Student mit den verschiedenen Typen seines Druckers so schön wie möglich gestaltet, würde der Professor niemals gestylt nennen, wohl aber die Aufmachung einer Buchreihe, die ein Verlag auf den Markt bringt.

Die Kühnheit des Designs hängt dabei von der technischen Bestimmung eines Objekts ab. Die Absurdität der ästhetischen Erfindung nimmt mit der Ungefährlichkeit des Gegenstandes zu. Der Einfallsreichtum kennt keine Grenzen an Gegenständen, die der persönlichen Stilisierung und Liebhaberei dienen. Schon beim Auto aber, das viele technische Bedingungen erfüllen muß und durch dessen Benutzung man sein Leben aufs Spiel setzt, bleibt dem Designer nur noch wenig Raum zur Entfaltung seiner Phantasie. Wer seine Wartezeit auf dem Frankfurter Flughafen absitzt, wird feststellen, daß das Design beim Flugzeug gänzlich verkümmert ist, sofern mit Design die Unterscheidung gleicher Gebrauchsgegenstände durch die Variation ihrer Hülle gemeint ist. Flugzeuge unterscheiden sich durch nichts als die Farbe, mit der der Name der Flugzeuggesellschaft aufgetragen ist, denn jede Eskapade im Aussehen, jedes Design also, wäre eine lebensgefährliche Zutat zur Technik.

Mit der Privatheit aber beginnt die Unverbindlichkeit, und wo sie beginnt, wird das Design verbindlich. Im alltäglichen Leben muß, wer etwas auf sich hält, wissen, daß sein Espresso-Kocher von Aldo Rossi, sein Wasserkessel von Richard Sapper, das Trinkglas von Tapio Wirkala, das Besteck von David Mellor, das Kaffeeservice von Harry Bertoia ist. Eine Schar von Künstlern steht bereit, um jedermann bei der Stilisierung seines Äußeren wie beim Schmücken seines Heims behilflich zu sein. Dem Einzelnen gegenüber hat die

Welt des Designs den Charakter eines Genußgifts, auf das schließlich jeder süchtig wird. Der Markt verabreicht es in kleinsten Dosen; alle Adiaphora des Alltags sind davon befallen: Sonnenbrillen, Uhren, Vasen, Schirmständer, Beistelltische – kein Haushaltsgegenstand, kein Einrichtungsgegenstand, kein Kleidungsstück, das nicht gestylt wäre. *Excalibur* ist der märchenhafte Name einer Klobürste von Philippe Starck, dem französischen Designer, der 1982 die Präsidentenräume des Elysée-Palastes einrichten durfte.

Dennoch hält kaum einer die Versammlung der vom Design überschwemmten Wirklichkeit für eine schöne Welt. Zwar wird inzwischen einigen gestylten Gegenständen geradezu die Würde von Kunstobjekten zugestanden: Bildbände über die Geschichte des Designs häufen sich, in denen ein windschiefes Wandregal eine ganze Folioseite für sich beanspruchen darf wie sonst nur der Apoll von Belvedere im kunsthistorischen Prachtband. Das Buch entrückt das gestylte Objekt der Zeit. Die *käufliche* und damit für jedermann schnell zu habende Schönheit aber muß taufrisch sein. Schön gestaltete Gegenstände früherer Jahrhunderte sind dem Kunsthandwerk oder gar den schönen Künsten zuzuzählen. Man wird die Schönheit eines Salzfasses von Cellini rühmen, nicht ihr Design; die Möbel von Corbusier und Mies van der Rohe werden mit einem lakonischen Vokabular, das dem Bauhaus angemessen ist, bezeichnet als Entwürfe, nicht als Design; selbst Wagenfelds Lampen, Gläser und Aschenbecher sind »gute Form«, nicht Design. Der »Bestseller« von 1985 aber, der Alessi-Wasserkocher mit dem Vögelchen als Signalflöte von Michael Graves oder Ettore Sottsass' Regal sind Design, weil sie nagelneu sind. Keine Tradition und kein gesellschaftlicher Konsens regeln das Bewußtsein davon, was schön an dem gestylten Gegenstand sei; jeder hat für sich zu entscheiden, welches Design er bevorzugt. *A.Y.O.R.* heißt ein wippender Stahlsessel von Ron Arad: »At your own risk«.

Mit dem Design erreicht die ästhetische Innovation, die für die künstlerische Avantgarde verpflichtend war, die Massen. Um das Kriterium der Neuheit zu begreifen, bedarf es nichts als einer schnellen Auffassungsgabe und keiner Vorbildung, wenn die Erfindung nur so entschieden ist, daß sie die Kritik der Urteilskraft lähmt. Ohrensessel mit beweglichen Ohren, Lehnsessel mit einer Schlagseite, weil sie zwei kurze und zwei lange Beine haben, Wandschirme aus blaubemaltem Stahl, Regale mit schiefen und gewellten Seitenwänden, Stühle, deren Rückenlehne ein Geweih darstellt, Gläser mit schlangenförmigen Stielen, dazu die krummgebogenen, wippenden, drehbaren Halogenlampen – alle werden als ästhetische Akzente im Alltagsleben akzeptiert, weil sie so ungewöhnlich aussehen wie nie ein Sessel, Wandschirm, Regal, Stuhl zuvor und deshalb den Fortschritt als solchen vorstellen. Die Neuheit des Einfalls überträgt sich auf den Besitzer als Optimismus für die Zukunft von Kunst, Technik und Wirtschaft. Schönheit kann melancholisch stimmen, Design stimmt immer zuversichtlich.

Mit der Transsubstantiation des Gebrauchsgegenstandes in eine Ware hat Marx nichts anderes beschrieben als, *avant la lettre,* das hoffnungstiftende Design: »Ein Tisch bleibt Holz, ein ordinäres sinnliches Ding. Aber sobald er als Ware auftritt, verwandelt er sich in ein sinnlich übersinnliches Ding. Er stellt sich allen anderen Waren gegenüber auf den Kopf und entwickelt aus seinem Holzkopf Grillen, viel wunderlicher, als wenn er aus freien Stücken zu tanzen begänne.«

Die torkelnden Waren sind die überdeutlichen Winke des Marktes, seine aufdringliche Koketterie, mit der er die Begierde zu kaufen wach hält. Für den Käufer jedoch ist das witzige Design, und sei es nur die bunte Swatch-Uhr, das Zeichen, durch das er seine Zugehörigkeit zur Gemeinschaft der ästhetischen Avantgarde kundtut, um im übrigen seinen Alltag optisch so unauffällig wie möglich einzurichten.

Die tausenderlei Liebhaberobjekte, die in den Schaufenstern den einen zum Lachen, den andern zur Bewunderung reizen, sind Folge einer Intimisierung des ästhetischen Verhaltens. Schönheit ist zum persönlichen Bekenntnis geworden. Der öffentliche Raum wird nicht mehr ästhetisch gestaltet, die Menschen aber, die sich in ihm bewegen, geben überdeutliche Signale einer »ästhetischen Zugehörigkeit«. Plätze, Rathäuser, Theater bieten dem Städter keinen Anlaß zur optischen Identifikation. Die architektonischen Akzente einer Stadt werden von einzelnen Unternehmen, Banken vor allem, gesetzt, nicht von repräsentativen Institutionen. Mit diesen Solitären des Firmenstolzes aber kann sich keiner, der nicht der Firma angehört, identifizieren. Die »ästhetische Zugehörigkeit« ist nicht gesellschaftlich vorgegeben, jeder muß sie für sich selbst entscheiden, sie ist persönlicher Stil.

Die Anlage moderner Wohnräume kommt der Zufälligkeit, mit der Design-Objekte plaziert werden wollen, entgegen. Wie in der Kleidung, so gehört auch bei der Einrichtung das isolierte, exzentrische Signal zum bürgerlichen Anstand, der die Sitten der Schönheit kennt, sich aber über sie erhaben zeigt. Die Rarität des Inventars deutet an, daß der Wohnungsinhaber ein ästhetisches Bewußtsein, jedoch keine ästhetische Absicht hat. Die Rangordnung früherer Zeiten, die zwischen repräsentativen, also schönen, und praktischen Räumen unterschied, wurde am Anfang dieses Jahrhunderts aufgegeben. Der Traum vom Wohnen in einer Etage des Jugendstils, dem sich Intellektuelle und gebildete Bürger hingeben, will die eigentliche ästhetische Leistung des späten 19. Jahrhunderts, die Demokratisierung des aristokratischen Wohnens, nicht wahrhaben. Der Bürger usurpierte die Geste herrschaftlicher Repräsentation und bildete sein Wohnhaus zum fürstlichen Palais um. Die Vertikalität des Hauses mit Parterre, Beletage, oberen Stockwerken und Mansarde entsprach immerhin noch einer sozialen Schichtung der Hausbewohner; Portal, Säulen, Figurenprogramm und Ornamente blendeten dem Haus Herrschaftszeichen vor, als sei jeder, der da wohne, ein Souverän.

Das Mietpalais war aber nur ein Nachspiel in der Geschichte der Wohnkultur. Seit dem Beginn des 19. Jahrhunderts verlangte eigentlich der bürgerliche Ernst, der auf Gewinn und nicht auf Ansehen zielt, ein nach außen hin schmuckloses Haus. Das Bürgertum richtet diese Dezenz provokativ gegen den Adel, es sammelt seinen Reichtum im Innern des Hauses und zeigt ihn nur vertrauten Freunden. Das fürstliche Kunstprogramm war weitgehend mit der Architektur verschmolzen gewesen: Fassaden, Deckengemälde, Statuen unterstrichen die architektonische Gliederung der Paläste. Die Kunst war Bauschmuck. Im Bürgertum löst sich die Kunst von der Architektur ab. Was als Interieur bezeichnet wird, entsteht durch die Verlagerung der Ästhetik von der Außenseite ins Innere des Hauses, durch die Ablösung des Bildes vom Verputz, der Statue von der Wand. Die Zeichen von Stand, Charakter und Stil sind nun im Innenraum wie durch ein atmosphärisches Band mit dem Besitzer verbunden, der Atem seines Körpers, der sie beseelt, ist das, was Gemütlichkeit genannt wird.

Zwischen Mauer und Mensch halten nun Einrichtungsgegenstände, Schmuckstücke und Zierate die Balance. Immerhin blieb auch im Bürgertum die Anlage und Einrichtung der Wohnung noch lange hierarchisch strukturiert: Die Gegenstände hatten einen festen Platz, der sie eindeutig dem Schönen oder dem Praktischen zuwies. Salon, Eßzimmer, Bibliothek, Herrenzimmer und Rauchsalon galten als schöne Räume, die deutlich von den nur der Familie zugänglichen und noch deutlicher von den Wirtschaftsräumen getrennt waren. In den Gesellschaftsräumen entsprach die Plazierung der Luxusgegenstände in Vitrinen, auf dem Vertiko, als Tischgarnitur, Tafelservice, als Gardinière oder Girandole dem Grad ihrer Schönheit.

Das vom Bauhaus propagierte »Wohnen aus einem Guß«

hat, da es diese Ordnung als undemokratisch verwarf, Schönheit aus der Wohnung verbannt. Im Einheitsraum, den Mies van der Rohe entwarf, sind Zwischenwände und Gegenstände beweglich. Kein Platz in diesem Raum ist ausgezeichnet; das Ding, wenn es schön sein will, muß sich selbst auszeichnen. Damit ist der verrückte Einfall als ästhetisches Kennzeichen geboren – und mit ihm das postmoderne Design. Die Klassizität, die den Möbeln des Bauhauses zuerkannt wird, darf nicht darüber hinwegtäuschen, daß seinerzeit die Lakonie eines *schwarzen* Eßtisches, wie jenes von Corbusier, oder die geschwungenen Stahlbeine der Sessel von Mies provozierend waren. Die Exzentrik, die immerhin ursprünglich dazu gedacht war, reproduziert und für jedermann verfügbar gemacht zu werden, ist freilich inzwischen zum Statussymbol der Oberschicht geworden. Die intellektuelle, einstmals linke Elite ist sich mit den Chefetagen darin einig, daß Schönheit im 20. Jahrhundert mit dem Bauhaus endet und daß man nur durch diesen Stil die standesgemäße ästhetische Bildung vorweisen kann. Das postmoderne Design hingegen, den Ausverkauf der Avantgarde, überlassen die ökonomische und ästhetische Elite dem Kleinbürgertum als Notlösung, das verarmte Interieur aufzumuntern.

Dieses müht sich ab, die schlechten Seite der Moderne, den Innenraum, mit windschiefen Möbeln und witzigen Accessoires zu beleben, um einen unmißverständlichen Beweis seines guten ästhetischen Willens zu geben. »Stilmangel ist Raummangel« – dieses Diktum Baudrillards gibt jeden, der auf ein Eigenheim spart, dem Mitleid des Intellektuellen preis. Die neuen Aristokraten spotten des kleinbürgerlichen Nonkonformismus, der sich »auf die Suche nach dem verlorenen Stil« (Sedlmayr) begibt und dabei das postmoderne Design findet. Ein neuer Standesunterschied zwischen ärmeren und reicheren Bevölkerungsschichten deutet sich gerade im Umgang mit der postmodernen Ästhetik an.

Es ist unökonomisch – und deshalb leisten es sich nur die

Reichen –, Räume nach Lebenssituationen zu trennen. Das Bauhaus hat der Familie einen Großraum verordnet, der zudem mittlerweile nur noch einen einzigen Orientierungspunkt, den Fernsehapparat, hat. Diesem Gerät sind Einrichtung und Einwohner, Beschäftigungen und Zeiteinteilungen der Familienmitglieder zugewandt. Der zentrale Erlebnisraum ist damit nach außen verlegt, und auch die eigentlichen ästhetischen Erfahrungen werden durch ein Kabel von fernher in den Raum induziert. Um diesen Focus herum aber bewegt sich alles, was Leben hat, durcheinander; hier ißt man, empfängt Freunde, hier tummeln sich die Babys im Laufstall, die Kinder spielen Monopoly, Vater und Mutter entspannen sich auf einer Sitzgarnitur, die Wohnlandschaft heißt, neben der auch die kleine Bibliothek, das Aquarium und ein Blumentischchen, letzter Rest einer Orangerie, untergebracht sind.

In diesem Kauderwelsch der Funktionen ist jeder Narr willkommen. Ein ästhetischer Anspruch, dem es hier noch gelingt, sich durchzusetzen, kann nur ein Witz sein. Überraschend, unversehens, in unerwarteter Gestalt taucht er an einer beliebigen Stelle des Raumes auf. Das Design, das aus dem Einerlei der vier Wände erlöst, kann sich auf und an Stuhl und Sofa, Schrank und Tisch niederlassen, denn es ist allbarmherzig gegen die Trostlosigkeit des modernen Innenraums. Ettore Sottsass beschreibt 1988 in einer Fernsehserie des SWF, »Lust am Design«, sein Regal, das inzwischen zum Wegweiser aller Postmoderne geworden ist, als einen Joker, der eingesetzt werden kann, wo immer es einen ästhetischen Trumpf auszuspielen gilt: »Man kann es überall hinstellen – in den Flur ebenso wie ins Schlafzimmer. Und man kann auch alles draufstellen – ob nun Bücher, Flaschen oder irgendwelche Nippes.« Walter Grasskamp bezeichnet in seinem Buch »Die unästhetische Demokratie« diese ästhetischen Versatzstücke als »Trostobjekte«, die aus der Allerweltswohnung eine »Bekennerwohnung« machen.

Der fungible Charakter des Design ist durch die Alltagsästhetik des 19. Jahrhunderts vorbereitet. Schon der Historismus befreite die Stile aus ihrer epochalen Zugehörigkeit und die Schmuckformen aus dem architektonischen Kontext; seither flottieren sie frei im Raum. Die Verwendung einer »Athenienne« zum Beispiel, einer griechischen Vase, der schon der französische Name fremd sein muß, empfiehlt das »Journal des Luxus und der Moden«, ein erstes Design-Magazin, das verbindliche Vorschriften zur Gestaltung des bürgerlichen Alltags ausgab, 1797 zu beliebigem Gebrauch: »Der Gebrauch dieses schönen Meuble kann als Räucher- und Kohlpfanne gedacht werden. [...] Man kann es aber auch zur Beleuchtung als Candelaber brauchen, und in diesem Falle dürften nur die Dillen [...] oben eingesetzt werden, die als Leuchter dienen. Wollte man die Vase von dem zarten, milchweißen Beinglas und das übrige aus Bronze machen lassen; so gäbe eine darin hängende Lampe mit 2 oder 3 Dillen eine sehr angenehme und sanfte Beleuchtung.« Die antiken Kultgegenstände werden von nun an an einen beliebigen Platz im bürgerlichen Wohnraum gestellt, das antike Basrelief verfließt im *bone-china* der Geschirre von Wedgwood, der Lekythos steht nicht mehr auf dem Grab, sondern auf der Etagère des Salons, die Amphora, einst Trophäe des olympischen Siegers, wird zur Bodenvase, die Tunika des Senators zur Mantilla der Dame, die Götterstatue zur Vitrinenfigur, das Grabmal zum Kachelofen.

Der Einheitsraum der Gegenwart, in dem nun gestylte Objekte wie einst die historistischen im bürgerlichen Salon vagieren, der Lebensraum, in dem für alle geselligen Funktionen ein Fleckchen vorgesehen ist, hat seinen Vorläufer im Damenzimmer. Selbst reiche Frauen empfingen Freundinnen und Freunde im Boudoir, wo sie sich gerade angekleidet hatten. Sie spielten dort mit ihren Kindern »Jojo«, »Dame« mit ihren Galanen. Die definitive Unterscheidung von Funktionen ist ein Gestus des männlichen Denkens, der sich eben auch in der Anlage von Palästen, Häusern und Wohnungen niederschlug. Wo der Mann sich darstellt, betont er die Vielfalt seiner Kapazitäten in dezidierten räumlichen Abschnitten. Er läßt seine Freunde die Fülle seines Luxus Schritt für Schritt passieren vom Essen zum Rauchen, zum Spiel, zum Lesen. Der optische Schmuck in den repräsentativen Räumen – fast möchte man ihn den männlichen nennen – verdrängte die Gerüche; Parfüms, Puder und Seifen, aber auch die haptischen Reize der Tücher, Spitzen, Daunen herrschen in den privaten Räumen, der Küche, dem Bad, dem Schlafzimmer. Heute hingegen dringen über die Durchreiche die Küchendüfte ins Wohnzimmer hinein, wo der Vater gerade Zeitung liest und dabei das Velour der Sitzlandschaft liebkost. Die Gemütlichkeit des Frauenzimmers aber bestand seit je in einer Lektüre, die neben einem am Abend zuvor abgelegten Unterrock stattfand. Der Duft der kleinen, engen Welt hüllte die abenteuerlichen Erfindungen der Dichter in Gemütlichkeit ein, Flacons, Dosen, Vasen, Spiegel, Spieluhren brachten ihre unwürdige Zufälligkeit in vertrauliche Nachbarschaft zu den geistigen Beschäftigungen.

Die haustierhafte Zudringlichkeit der weiblichen Kleinodien haben sich nun die Design-Produkte angeeignet. Wie Katzen wissen sie, daß sie mit einem Herrn rechnen können, der sie innig liebt und ihnen jede Eskapade erlaubt. Sie räkeln sich auf allen Stühlen und springen auf jeden Schrank. Das postmoderne Design bedeutet eine Femininisierung der Wohnkultur. Mit dem historischen Prozeß, in dem sich die Schönheit von der Architektur ablöst und ins Innere des Hauses zurückzieht, verliert der Mann seine Vorrangstellung im Haus. Dort herrschen nun Familienglück, die Frau und postmoderne Spielereien.

Jedoch ist mittlerweile die Hierarchie der Geschlechter so gut abgeschafft wie die der Klassen. Im Unterschied zum Salon, wo die Frau das Paradox einer dem Mann untergeordneten Domina vorzustellen hatte, repräsentierendes Repräsentationsstück war, ist der Wohnstil der heutigen Familie unisex. Die Erfüllung seiner Funktion erreicht der Einheitsraum, wenn ihn ein Single bewohnt, jene Stilfigur, für die es keine geschlechtsspezifische Bezeichnung mehr gibt. (Allerdings nicht nur im Privatleben eignet sich das männliche Single weibliche Funktionen an. Mit dem Computer übernimmt der Wirtschaftsprüfer die dienenden Aufgaben der Sekretärin, die er entlassen hat, und kocht sich nun auch seinen Kaffee selbst.) 1920 entwarf F.A. Breuhaus für die Vereinigten Werkstätten für Kunst und Handwerk in München das »Arbeitszimmer eines Industriellen«. Man kann diesen Entwurf das erste Apartment für Singles nennen. In seiner guten Stube hat der offenbar nicht allzu reiche Industrielle seinen Schreibtisch unmittelbar neben dem Bett, dem Bücherregal und einer Sitzecke am Kamin. Die Ödnis dieser an Funktionen reichen und an Schönheit armen Zelle, die viele Dinge, aber keine Familie beherbergt, hat reichlich Stellflächen für absurde Schreibtischgarnituren, verrückte Lampen und zumindest für *einen* funktionslosen Stuhl. Aus der bedrückenden Nützlichkeit erlöst das Design durch seine eklatante Albernheit.

Die potentielle Brauchbarkeit eines Gegenstandes wird von der Deutlichkeit des ästhetischen Signals, das das gestylte Objekt gibt, überblendet. Postmodernes Design macht den Gebrauchsgegenstand disfunktional. Mit der traditionellen Schönheit hat er immerhin das Spielerische gemein. Von ihr aber unterscheidet ihn seine Stummheit. Nicht nur die Statuen und Gemälde der alten Kunst, auch jeder Bauschmuck, jedes Ornament und jedes Blümchen auf dem Kleid einer Frau waren gesprächig. Die Tradition hatte es mit Bedeutung aufgeladen, die auch dem, der sie nicht zur Kenntnis nehmen wollte, von allen Seiten eingeflüstert wurde. Im Verhältnis sowohl zu einem Gegenstand wie auch zu einem persönlichen Besitzer war jeder Schmuck ein sprechendes Zeichen geworden. Seit dem »Bauhaus« sollte die Schönheit nur noch auf ihre Funktion *als* Schönheit hinweisen. Über dieser Repression ist sie närrisch geworden und tritt mit Gesten auf, die keiner mehr versteht.

Die Sprachlosigkeit ist der Grund für die Kurzlebigkeit der Design-Produkte. Walter Grasskamp sieht sie daher »weitaus häufiger zur Müllhalde denn ins Museum« wandern; für Peter Rühmkorf hat sich »Schöner Wohnen« in »Schneller Wohnen« verwandelt. Charakteristisch sei, so Baudrillard, für das moderne Wohnen das »syntagmatische Möbel«, das nach einem vagen Muster in immer neuen Variationen zusammengestellt werden könne. Der gegenwärtige Mensch gehe mit seinen Gegenständen wie ein »Verkehrstechniker« um, dem »die Symbolwerte [...] verblassen neben den organisatorischen Werten«. Das Design ist die fungible Schönheit in diesem beweglichen Ambiente. Seine Stummheit ist, man mag sie hinstellen, wohin man will, zum Widerspruch viel zu gut gelaunt.

Nachwort:
Erlebte Schönheit

Klagen sind Indizien eines besonderen Glücks. Niemand klagt so viel über seine Gesundheit wie der Hypochonder, und niemand ist so gesund wie er. Bücher über die verlorene Schönheit häufen sich heutzutage – und der eben aufgestellten Hypothese zufolge müßte das ein Zeichen für den Anbruch eines neuen ästhetischen Zeitalters sein. Einzig in den Bibliotheken der Feministinnen finden sich, wie schon bemerkt, Werke, in denen die Diktatur der Schönheit und also ein Zuviel davon angeprangert wird. Jeder Lockenwickel, jeder enge Rock und jede Schönheitsfarm für die verwöhnte Millionärsgattin dient da als Beweis für die Unterwerfung des weiblichen Geschlechts unter das männliche Wunschdenken. Beide Positionen, die Klage um den Untergang aller und über den Fortbestand von zuviel Schönheit widersprechen sich und beide, dahin zielt nach allem dies Resümee, haben recht. Sie gehen von demselben Vorverständnis aus, nämlich von einer Schönheit, die sich aus einem kultisches Relikt zum säkularen Herrschaftssymbol entwickelt hat. Die Aufklärung hat sich gegen diese traditionale Schönheit und ihre Sinnangebote gewandt, bis endlich das Zeitalter des Nicht-mehr-Schönen anbrach; den einen ist dabei zu viel, den anderen zu wenig aufgegeben worden. Außerdem aber macht, und das erfordert eine zusätzliche Erklärung, unser aufgeklärtes Zeitalter, das also der Schönheit gänzlich abhold sein müßte, so viele Versprechungen auf Schönheit, daß die Diskrepanz der subjektiven Eindrücke nicht verwundern darf.

Das Hin und Her zwischen den Kontrahenten ist die Folge einer terminologischen Unschärfe: Wer sich salopp ausdrückt, nennt schön alles, was glücklich macht; schön werde der Mensch durch Sport und Fitness, die Frau durch Kuren, Kleider, Make-up, der Jugendliche durch die Ekstase in der Diskothek, der Mann durch sein Auto; schön sei es zu verreisen, ein Museum zu besuchen, einen Lunch mit der Freundin bei einem Glas Sekt zu haben, mit der Ehefrau ein Musical zu besuchen – kurz, der schönen Stunden gibt es genug, so daß jeder der Meinung sein darf, er führe eine ästhetische Existenz. Das Substantiv Schönheit ist vom Adverb schön verdrängt worden; statt zur Auszeichnung, die die Gesellschaft vergibt, wird der Begriff der Schönheit zur Charakterisierung eines subjektiven Erlebnisses.

Gerhard Schulze nennt das »schöne Leben«, das dennoch auf Schönheit verzichten kann, in einem Aufsatz über »Alltagsästhetik und Lebenssituation« (In: *Kultur und Alltag*, hsg. von H.-G. Soeffner, 1988) die hedonistische Disposition unserer Gesellschaft. Soziale Zuordnungen fänden, so meint er, heute, nachdem moralische Richtlinien relativ geworden sind, gemeinsamen Glückserfahrungen entsprechend statt. In früheren Zeiten waren die Mitglieder einer bestimmten Schicht durch Herkunft, Eigentum, Bildung, Religion von vornherein festgelegt und auf einen ihrem Status angemessenen Umgang beschränkt gewesen. Heute hingegen treffen in Öffentlichkeit und Beruf Menschen verschiedenster Konvenienz aufeinander. Sie gehören nicht zusammen, sie müssen zusammengehören wollen. Es braucht bestimmte Kriterien, um den Abstand zwischen sich und dem anderen abmessen zu können: »Menschen in unserer Gesellschaft nehmen sich gegenseitig primär als Träger ähnlicher oder unterschiedlicher hedonistischer Dispositionen wahr. Wo das Erleben des Lebens zum allgemeinen existenziellen Imperativ geworden ist, wird die jeweilige Erlebnismotivation zum existenziellen Standort.«

Vorlieben und Abneigungen müssen als Indizien eines Charakters gelesen werden, wenn Menschen sich nicht genau kennen, wenn sie, wie heutzutage üblich, häufig unterwegs sind und dauernd auf unbekannte Menschen treffen. Fast immer ist die gemeinsame Glückserfahrung, derentwegen sich zwei Fremde schnell wie zwei Freunde vorkommen, ästhetischer Art. Ob einer lieber nach Florenz oder auf die Malediven fährt, nach New York oder Papua, Placido Domingo oder Carreras hört, Chris de Burgh oder Milva, das kann für die neue Bekanntschaft, die einer gerade bei einem Geschäft, in einem Café, auf einer Reise gemacht hat, schon zum vernichtenden Urteil oder beglückenden Gedankenaustausch führen. Jeder genannte Name eröffnet einen ästhetischen Horizont. Durch die beiläufige Erwähnung kultureller Erlebnisse ordnet man sich einer ästhetischen Zone zu, in die der andere folgen soll. Soziale Existenzen werden sich gegenseitig ästhetisch signifikant.

Deshalb sind nicht einmal die Busreisen älterer Damen purer Zeitvertreib. Je nachdem, wohin sie finanziell und intellektuell zu fahren in der Lage sind, ordnen sie sich einem sozialen Standort zu. Ob auf der Parkbank die eine Frau zur andern über ihre letzte Reise nach Herrenchiemsee oder in eine Van-Gogh-Ausstellung spricht, ob sie die anatolische Felskirchen oder die Eisbären in Grönland besucht hat, entscheidet über die Wiederbegegnung der beiden.

Die ästhetische Bildung richtet sich daher darauf, mit den verschiedensten ästhetischen Codes bekannt zu machen. Jedem Geschlecht, Alter, Beruf stehen mehrere Horizonte zur Verfügung, in denen sie sich bewegen können, wobei soziale und natürliche Zugehörigkeiten durch die ästhetische Wahl oftmals überschritten werden. Auch den Gestus des Nicht-Ästhetischen, wie er von Geisteswissenschaftlern, Intellektuellen und Kleinbürgern bevorzugt wird, zu verstehen, gehört ins ästhetische Kurrikulum der Gegenwart. Die ästhetische Erziehung hat mehr Tücken zu bewältigen als je zuvor.

Ästhetische Signale bleiben dabei immer noch Statussymbole. USM-Büromöbel sind nun einmal fürs Führungspersonal gedacht, das auch weiß, daß es seine Gattinnen bei Sportveranstaltungen in den vorderen Logen vor der Masse auf den Rängen mit einem Modeschmuck paradieren lassen muß, der in seiner geschmacklichen Kühnheit und Größe an die Reichsinsignien Karls des Großen erinnert. Solch sozial signifikante Ästhetik aber wird als Berufspflicht eher belächelt als bewundert. Unterhalb dieser Zeremonien des Status hat sich eine Vielzahl ästhetischer Liebhabereien entwickelt, für die sich jeder selbst entscheidet und von denen er mehrere nebeneinander betreibt. Die ästhetische Polygamie verwirrt selbst die hierarchischen Positionen in der Familie. Der Sohn des Managers wird ein anderes Auto fahren, als sein Vater es von ihm erwartet, der finanzkräftige Vater wird mit einer Freundesgruppe Gipfel stürmen im kleinbürgerlichen Trachtenlook und, ästhetischer Solidaritätsgestus nun wiederum zwischen Vater und Sohn, seinen Rasen mähen in der zerrissenen Jeans, die sein Sohn abgelegt hat.

Jeder hat mehrere Porträts, die er der Welt je nach Laune vorführt. Die Reichhaltigkeit des ästhetischen Repertoires nimmt den wenigen normativen Gesten, die noch gelten, jeglichen Ernst. Die große alleinzige Schönheit ist im Laufe der Jahrhunderte diffundiert. Ihre Reste sind allenthalben vorhanden, doch werden sie nurmehr zitiert und daher auch oft genug auf unangemessene Situationen übertragen. Die Glaubensgemeinschaft der Ästheten hat sich in viele Sekten zersplittert.

Die »Neue Unübersichtlichkeit«, die auf dem Feld der Schönheit herrscht, macht die Gesellschaft als Ganzes unschön. Keiner kann die Vielzahl der Gesten kennen und akzeptieren, die nur noch durch persönliche Entscheidung gelten. Die Intoleranz der ästhetischen Sektenmitglieder gegeneinander resultiert aber gerade aus der Bedeutung der Ästhetik für die Differenzerfahrung des einzelnen. Da ihn weder Herrschaft noch Stand auszeichnen, muß er die Definition seines Status selbst übernehmen. Die ästhetische Abwertung der anderen ist die ungefährlichste Art des Selbstschutzes. Intolerant, wie diese Geste zu sein scheint, ist sie doch Zeichen einer allgemeinen Toleranz. Die Demokratie hat die sozialen Konkurrenzen zum ästhetischen Spiel entschärft; in ihm darf jeder sich selbst zum Sieger erklären. Schönheit ist in der Demokratie gerade deshalb das Glück für jedermann, weil jeder jeden unerträglich häßlich finden darf.

Erste Auflage 1996
© Verlag Antje Kunstmann GmbH, München 1996
Umschlaggestaltung: Michel Keller, München
Satz: Frese, München
Druck und Bindung: G.J. Manz, Dillingen
ISBN 3-88897-170-5